Glaubensheilung -
die Ganzheitsheilung

Glaubensheilung -
die
Ganzheits-
heilung

Gabriele, Würzburg

Verlag DAS WORT GmbH
Der Universelle Geist
Leben im Geiste Gottes

1. Auflage 1999
© Verlag DAS WORT GmbH
Max-Braun-Straße 2
97828 Marktheidenfeld
Tel. 09391/504-135, Fax 09391/504-133

Internet: http://www.das-wort.com
e-mail: info@das-wort.com

Druck: Joh. Walch GmbH & Co Druckerei,
Augsburg

ISBN 3-89201-108-7

*Der Buchstabe tötet,
aber der Geist im Buchstaben,
im Wort, macht lebendig.
Deshalb erfassen Sie
den tiefen Sinn dieses Buches,
und erleben Sie den Geist Gottes
in den Worten der Wahrheit.*

*Jeder Mensch, der
vom Buchstabendenken frei wird
und fähig wird, den Inhalt des
Gesprochenen und Geschriebenen
zu erfassen, der erlebt den Schatz
der Wahrheit.*

Inhalt

Vorwort

Ein Buch über »Urchristliche Glaubensheilung« - also ein Buch für Menschen, denen es um ihre Gesundheit geht?

Nicht nur! Ein Buch, das jedem nahebringt, worauf es im Leben wirklich ankommt.

Wen das nicht interessiert, wer ohnehin meint, das Menschenleben sei eben dazu da, gelebt zu werden, und mit dem Tod wäre sowieso alles vorbei, der mag dieses Buch beiseitelegen und das tun, was für ihn zur Zeit lebenswert ist, oder das lesen, was er für lesenswert hält.

Doch wem daran gelegen ist, seine Erdentage mit gutem Sinn zu erfüllen, seine Zeit zu nutzen, mit sich selbst und mit seinen Mitmenschen ins Reine und in Einklang zu kommen, also in ein friedvolles, aktives Miteinander und Füreinander, wer darüber hinaus das Glück erleben möchte, Gott und seinem eigenen urewigen Wesen nahezukommen, die Standfestigkeit und die Geborgenheit im eigenen Inneren zu verspüren und die Kraft zu erfahren, die in einem wahrhaft positiv ausgerichteten Leben liegt, der findet in diesem Buch eine unschätzbare Hilfe. Er wird, wenn er das, was er aus den Worten der Prophetin und Botschafterin Gottes, Gabriele, aufnimmt, in seinem Alltag fruchtbar werden läßt, nicht nur freier und friedvoller, gesünder und glücklicher durch sein Erdenleben gehen, sondern er wird sich auch an dessen Ende nicht in der fatalen Situation befinden, die vom bitteren »Zu Spät« gekennzeichnet ist. Er wird sich - in der klaren Erkenntnis, die uns in jenen Minuten des Rückblicks geschenkt wird - also nicht sagen müssen: »Hätte ich doch nur die kostbaren Erdentage genützt! So viele gute Chancen habe ich vertan, weil ich nicht gewußt - oder: nicht beachtet - habe, worauf es eigentlich ankam. Ach, könnte ich doch noch einmal alles besser machen!«

Worauf es eigentlich ankommt - Gabriele sagt es uns allen in diesem Buch immer und immer wieder, beleuchtet es aus verschiedensten Perspektiven, macht uns die geistigen Zusammenhänge bewußt, gibt Hilfe, Rat, Ermutigung und Anleitung, spricht sowohl unseren Verstand als auch unser Herz an, bringt in uns einmal diese, einmal jene Saite zum Klingen mit unendlicher Geduld, damit wir endlich begreifen und vor allem auch den Schritt vom bloßen Erkennen zum Tun schaffen können.

Viele Grundaussagen in diesem Buch sind nicht neu; Jesus von Nazareth hat vor 2000 Jahren schon den Weg gelehrt, der in die

Freiheit, in den Frieden und in das Glück führt, zu Lebensfrische, zu Gesundheit und zu innerem Reichtum. Dieser Weg ist in den schlichten Lebensregeln der Bergpredigt zu finden, die aufzeigen, wie von uns Menschen die noch weit länger bekannten Zehn Gebote Gottes umgesetzt werden sollen. Aber die Innere Religion, die Jesus lehrte und vorlebte, erstickte in den Ritualen und Formen einer veräußerlichten Kirche. Man predigte zwar über das Wort Gottes und über die Lehren Jesu, aber handelte nicht in Seinem Sinne. Also begnügten sich auch die den kirchlichen Obrigkeiten nachfolgenden Kirchenschafe mit dem Hören des Wortes - danach zu handeln, schien ihnen weniger wichtig. Die Kraft des Christus Gottes, die Er bei Seinem Golgatha-Opfer in jedes Herz gesenkt hat, blieb weitgehend ungenutzt - man beließ es beim Nur-Glauben, der ein toter Glaube bleibt, wenn er nicht durch das Tun zum Tat-Glauben wird, der Seele und Mensch frei macht.

Nun hat uns Gott, unser aller Vater, aus Seiner Güte und Fürsorge in diese dunkle Erdenzeit einen Boten aus Seinem Licht gesandt, durch den Er uns erneut ins Bewußtsein ruft, »worauf es eigentlich ankommt«. ER schenkte uns Sein Wort in unzähligen Offenbarungen, und Er lehrt uns den Weg zurück zu Ihm, den Weg in ein Leben im Geiste Gottes, der uns das Heil für unsere Seele und auch die Möglichkeit der Heilung für unseren Körper bringt.

Gabriele, die Lehrprophetin Gottes, die nicht nur Sein unmittelbares Wort in göttlichen Offenbarungen gibt, sondern als Seine Botschafterin auch Sein »mittelbares Wort«, kennt uns Menschen und unser Allzumenschliches sehr gut. Sie weiß, daß unsere eingefahrenen, »eingefleischten« Denk- und Verhaltensmuster hartnäckig und beharrlich sind. Selbst bei demjenigen, der das, »worauf es ankommt«, schon im Kopf »begriffen« hat, müssen sie von verschiedenen Gesichtswinkeln her immer wieder angestoßen werden, damit sie allmählich einem neuen Denken Raum geben, aus dem sich nach und nach ein neues Verhalten aufbauen und aufgrund dessen sich das Leben des Menschen mehr und mehr zum Positiven umgestalten kann.

Das kommt im vorliegenden Buch zum Ausdruck, in dem Gabriele in ihren Worten der Weisheit uns das nahebringt, was allein helfen kann in Not, Bedrängnis, Krankheit und Leid: uns zu öffnen für den Geist Gottes, die Kraftquelle in uns.

Und wie öffnen wir uns für Ihn, so daß Sein Strom des Lebens in uns zum Fließen kommt? Genau das ist das Hauptanliegen dieses Buches. Wer also mag, der lese, und nehme von dem, was er liest, das an, was er mag. Was es ihm bringen kann, wird er erfahren, wenn er es tut.

Menschen, die dem kosmischen Bewußtsein, Gott, zustreben, fühlen sich mit allen Menschen verbunden, denn alle sind im universellen Geist Brüder und Schwestern. Wir wünschen allen Lesern dieses Buches, daß sie für sich das gewinnen, was Gabriele in die Worte gelegt hat. Für manchen kann es wahrlich lebensrettend sein.

Ein Urchrist im Universellen Leben
Würzburg, im März 1999

Gott ist ewig Derselbe:
Liebe, Kraft, Harmonie und
Heilung

In jedem Menschen ist der Geist Gottes, die Kraftquelle des Lichts und des Heils. Gott in uns vermag alles, dann, wenn wir uns für den Kraftquell GOTT öffnen.

GOTT ist unveränderlich Liebe, Kraft, Harmonie und Heilung: Einerlei, wie in dieser Welt die Dinge stehen und wie wir Menschen uns dem Kraftfeld GOTT gegenüber verhalten - Gott ist ewig Derselbe. Gemäß unserer Willensfreiheit bestimmt jeder von uns selbst, ob er die ewige Heil- und Lebenskraft in sich mehrt oder mindert, ob er sich dem Heil- und Lebensquell hingibt und ihn so wirksam werden läßt, oder ob er sich von GOTT abwendet.

Durch den freien Willen sind
wir selbst verantwortlich für unsere
Verhaltensweisen. Wir selbst
entscheiden: für oder gegen das Leben

Der Geist, GOTT, die ewige Liebe in uns, möchte uns gesund und leistungsfähig erhalten bzw. gesund und glücklich machen. Es kommt jedoch auf uns an, ob wir gesund

und leistungsfähig bleiben oder krank und schwach werden wollen. Sicherlich werden Sie nun denken: »Welch eine Frage! Wer will denn nicht gesund bleiben oder gesund werden?« Die Erkenntnis sollte in uns Raum gewinnen, daß wir die Entscheidung hierüber selbst in der Hand haben - niemand sonst.

Wir sind Bürger des Reiches Gottes, die von Gott, unserem ewigen Vater, weder bestimmt noch gegängelt werden, denn aufgrund des göttlichen Gesetzes, das unser wahres Erbe, unser Sein, ist, haben wir den freien Willen zur freien Entscheidung. Infolgedessen sind wir selbst verantwortlich für unsere Verhaltensweisen. Wir selbst entscheiden über unsere Erdenleben; wir bestimmen, wie sie verlaufen werden, entweder in Gesundheit und Glück oder in Schicksalhaftigkeit und Krankheit.

Wenden wir uns der Lebens- und Kraftquelle in uns zu, indem wir uns als freie Bürger des Reiches Gottes sehen und uns entsprechend den Gesetzen des Reiches Gottes verhalten, von denen wir Auszüge in den Geboten Gottes und in der Bergpredigt Jesu haben, so bleiben oder werden wir glücklich, gesund und leistungsfähig. Oder wir sind gegen unser wahres Leben, gegen die Gesetze unseres ewigen Seins; dann erleben und erleiden wir das, was wir uns selbst in Gefühlen, Gedanken, Worten, Wünschen und Handlungen vorgegeben haben. Wir haben es uns gleichsam zugesprochen und unserem Körper zugeordnet.

Senden und Empfangen
Gleiches zieht Gleiches an

In der gesamten Unendlichkeit gilt ein Prinzip: Senden und Empfangen. Dieses ist das Kommunikationsprinzip des Alls; es entspricht dem Kreislauf des Lebens, der in Geben und Empfangen besteht.

Die geistigen Körper der Söhne und Töchter Gottes, der Geistwesen im reinen Sein, sind komprimiertes ewiges Gesetz GOTT; deshalb sind sie göttlich. Sie strahlen und senden das Gesetz Gottes aus, die selbstlose Liebe, den Frieden, die All-Weisheit und Güte. Was sie empfangen, ist wiederum selbstlose Liebe, Frieden, All-Weisheit und Güte - das Gesetz Gottes.

Was senden wir Menschen? Wir senden unsere Gefühle, Empfindungen, Gedanken, Worte und unsere Taten aus, die, sofern sie nicht der selbstlosen Liebe entspringen, ichbezogene, also negative Energien sind. Gegensätzliche, ungöttliche Sendungen gehen nicht in das Gesetz, Gott, ein. Wir empfangen gemäß dem, was wir ausgesandt haben: wiederum Ungöttliches, Negatives. Im Bereich des Falls vollzieht sich »Senden und Empfangen« also nach dem Kausalgesetz von Ursache und Wirkung, Jesus von Nazareth sprach von Saat und Ernte.

Ein Aspekt des Prinzips Senden und Empfangen ist die Gesetzmäßigkeit »Gleiches zieht Gleiches an«. Alles sendet; auch das, was nicht bewußt eine spezielle Lebensäußerung von sich gibt - also z.B. denkt oder spricht -, sendet seine Strahlung, seine Schwingung aus. Darauf antwortet dann das, was dieser Strahlung, dieser Schwingung, entspricht. Es wird gleichsam herbeigerufen, angezogen. Gleiches zieht also zu Gleichem.

Ein negativer Gedanke z.B. kommt demnach nicht allein zu seinem Absender zurück. Ihm ordnen sich - nach dem Prinzip »Gleiches zu Gleichem« - artverwandte negative Gedankenkräfte zu; zu dem einen, ausgesandten, gesellen sich also weitere gleiche und/oder ähnliche Gedankenenergien. Daher kann unter Umständen eine Wirkung die zugrunde liegende Ursache an Intensität übertreffen.

Was der Mensch sät,
das wird er ernten.
Was uns trifft, sind wir selbst

An und für sich ist das Für und Wider
eine einfache Regel, die mit wenigen Worten
auf einen Nenner gebracht werden kann:
Was der Mensch sät, das wird er ernten. Infolgedessen können wir nur ernten, was
w i r gesät haben, nicht, was andere gesät
haben und säen, und andere können nicht
ernten, was wir gesät haben oder säen.

Daher lautet das Gebot der Stunde - und
zwar jeder Stunde, denn wir denken und
speichern unablässig -: Was uns trifft, das
sind wir selbst. Denn: Was kommt und auf
uns zukommt, haben wir gleichsam eingela-
den durch das Prinzip »Senden und Empfangen« oder »Gleiches zieht Gleiches an«.

Unser Verstand ist der Feldwebel,
der unserem Zellenheer unermüdlich
Befehle eingibt. Eines Tages
beginnt es zu agieren ...

Wie speichern wir? Was geschieht, wenn
wir denken oder sprechen?

Unsere Gedanken und Worte sind Ener-
gieformen, die zu uns gehören. Sie werden
in unserem Ober- und Unterbewußtsein

und in unserer Seele zu Bildern. Was wir im Oberbewußtsein bewegen, speichern nicht nur unser Unterbewußtsein und unsere Seele, sondern auch unsere Zellen und entsprechende Speicherplaneten im materiellen Kosmos und im Kosmos der Reinigungsebenen.

Von der Zeugung eines werdenden Menschen an entstehen nach und nach Zellen und Zellverbände. Der physische Körper baut sich auf; er wird gewissermaßen zu einem Zellenheer. Die Zellen tragen zum einen die Informationen aus den Genen der Eltern, zum anderen auch die entsprechenden Eingaben aus der Seele des Kindes für dieses Erdenleben.

Der neu geborene Mensch, der Säugling, wird ganz allmählich von der ihm innewohnenden Seele und von seiner Umgebung - zuerst vom Verhalten der Eltern - trainiert. Die ersten Sinneseindrücke sind die ersten Informationen, die über das Gehirn an die Zellen weitergegeben werden. Die ersten Wahrnehmungs- und Verhaltensprogramme, die Betriebsprogramme für den Menschen, bilden sich heraus.

Ist der Säugling einige Monate alt, beginnt er, ganz allmählich seine Umgebung näher wahrzunehmen. Er nimmt über seine Sinne das auf, was er nach wenigen Lebensmonaten wahrzunehmen vermag. Die Reaktionen seiner Wahrnehmung speichert der kleine Mensch in seinem Oberbewußtsein, also im Gehirn, und in entsprechenden Körperzellen. Man kann also sagen: Der Mensch speichert von der Wiege bis zur Bahre, zuerst sein Oberbewußtsein, seine Körperzellen, später dann sein Oberbewußtsein, sein Unterbewußtsein, seine Körperzellen und seine Seele. Gleichzeitig bewegt er auch seine Speicherungen durch sein unermüdliches Fühlen, Empfinden, Denken, Sprechen und Handeln. Im Laufe des Werdegangs eines Menschen wird das Oberbewußtsein, der Verstand, gleichsam zum Feldwebel, der die Befehle an das Zellenheer des Körpers erteilt.

Am Bild des Feldherrn und des Zellenheers läßt sich manches veranschaulichen. Stellen wir uns also bildhaft ein Heer Soldaten vor, die das auszuführen haben, was ihnen der Feldwebel eintrainiert hat.

Um einen Feldzug zu führen, z.B. zur Abwehr des »Feindes«, bedarf es zuerst der Soldaten. Eine bestimmte Anzahl Soldaten bildet ein Heer. Das Heer von Soldaten muß zuerst auf Gehorsam und auf bestimmte Kommandos eintrainiert werden. Dazu bedarf es eines Vorgesetzten, der dem Heer von Soldaten die Informationen gibt, sie also in Disziplin und in der Anwendung des Kriegsgerätes oder zu einer Hilfstruppe ausbildet. Das Heer wird also trainiert, bis jeder Soldat die Anweisungen des Trainers, des Feldwebels, beherrscht und auszuführen vermag.

Ähnlich ist es mit unserem Zellenstaat. Der Feldwebel ist unser Verstand - es sind wir, das Oberbewußtsein. Wir geben ohne Unterlaß Befehle an unser Zellenheer. Wir trainieren unsere Zellen, das auszuführen, was wir ihnen befehlen.

Unsere Anweisungen an unsere Zellen und Zellverbände, also an das Zellenheer, sind die Inhalte unserer Gefühle, unseres Empfindens, Denkens, Sprechens und Handelns. Wir können auch sagen: Wir prägen unsere Körperzellen und geben ihnen unsere Programme ein durch das, was energetisch in uns an Negativem abläuft, z.B. Bosheit, Neid, Mißgunst, Rechthaben- und Herrschenwollen, Vorwürfe, Rachewünsche und dergleichen. Dabei ist nicht entscheidend, was wir nach außen hin zeigen, sprechen oder tun, sondern das, was unsere Gedanken, Worte und Taten an negativer Energiequalität in sich tragen. Der oft verhohlene Hintersinn, die wahren Absichten und Hinterhältigkeiten, die hinter den fünf menschlichen Betriebskomponenten - Fühlen, Empfinden, Denken, Sprechen und Handeln - stehen, sind gleichsam die Befehle, die in unse-

28

ren Zellen wie Zeitzünderladungen auf ihre Entladung warten.

Ist unser Zellenheer mit genügend Informationen versorgt und trainiert, so beginnt es zu agieren. Es führt aus, was wir den Zellen vorgegeben haben. Die aktionsbereiten »Soldaten«, unsere mit brisanten Energien programmierten Zellen, machen sich jedoch nicht sogleich auf, das zu tun, was wir ihnen eintrainiert haben. Der »Startschuß«, der Befehl zum Einsatz, wird von einer weiteren Befehlszentrale erteilt, denn unsere Zellen stehen zusätzlich noch in Kommunikation mit unserer Seele und den entsprechenden Speicherplaneten, in welchen von uns bestimmte Energiepotentiale gespeichert wurden. Das Zellenheer wartet ab, bis die Planetenkonstellationen aktiv werden, in denen Teile unserer schuldhaften Eingaben wirksam sind. Strahlt eines Tages eine Planetenkonstellation auf den Menschen ein, so kommt darin der Befehl zum Handeln. Das Zellenheer wird zunächst einmal unruhig. Diese Unruhe sind die Vorboten der nahenden Wirkung in und an unserem Körper, die wir in unserem Tagesablauf erkennen können, wenn wir uns selbstkritisch beobachten. Es kann eine innere Irritation sein, die mit bestimmten Gefühlen, Gedanken oder auch bildhaften Erinnerungen einhergeht. Die warnenden

Hinweise, die Vorboten, können auch von außen auf uns zukommen, in sogenannten Zufällen wie unangenehmen Begegnungen, in leichteren Beschwerden, darin, daß wir gerade noch einem Verkehrsunfall entgingen oder daß wir einige Treppen hinabstürzten und uns ein Bein verstauchten.

Solche Vorfälle zeigen dem Menschen, der bewußt seinen Tag lebt, der nicht dem Nächsten oder dem Zufall oder dem bösen Schicksal die Schuld gibt und damit sein Gewissen zum Schweigen bringt, was sich anbahnt: daß eine seiner Ursachen im Begriff ist, zur Wirkung zu kommen.

Beachten wir die Vorzeichen nicht, erkennen und bereinigen wir nicht, was wir irgendwann einmal anderen angetan haben, unsere Schuld - dann schlägt das Zellenheer los und führt einen Teil von dem aus, was wir ihm vor Jahren, Jahrzehnten oder eventuell in Vorinkarnationen eingegeben, also ihm befohlen haben.

Jeder von uns ist also gleichsam ein Feldwebel oder auch ein Heerführer, der das Zellenheer in eine bestimmte Richtung führt. Negative Eingaben - gegen unsere Mitmenschen gerichtete Gefühle, Empfindungen, Gedanken, Worte und Handlungen, Lieblosigkeiten also - kommen, sofern sie nicht rechtzeitig von uns selbst erkannt, bereut und bereinigt werden, als Krankheit, Not und weitere Unbill zur Wirkung. Wir selbst haben es in der Hand, ob solche Energien in unserem Leben zum Tragen kommen oder der Geist Gottes uns mehr und mehr zu durchstrahlen und unser Leben zum Guten zu wenden vermag.

Durch Abkehr vom Göttlichen verringert sich in uns die Lebens- und Heilkraft. Kehre um, und gib deinem Leben einen positiven, gottgewollten Sinngehalt

Wenden wir uns von der Kraftquelle GOTT ab durch falsches Denken und Verhalten, so richten wir uns auf niedere Quellen aus und binden uns an Ängste vor Krankheit, an Sorge und Leid. Wir werden schicksalsbeladen. Durch die Abkehr vom Göttlichen verringert sich in uns die Lebens- und Heilkraft; es wird dunkler in Seele und Leib.

Dazu ein Bild: Wendet sich ein Erdteil von der Sonne ab, so wird es auf diesem dunkel. Ähnlich ist es mit uns. Wenden wir uns vom Licht- und Kraftfeld GOTT ab, so verschatten wir uns; wir schaffen Dunkelheit in uns, die nun mal wenig Lebenskraft beinhaltet. In unseren Gefühlen, Empfindungen, Gedanken, Worten, Wünschen und Handlungen wirkt dann der Gegenpol; wir sind gegen Gott.

Weil es aufgrund unserer Fehlhaltungen, unserer Sünden, in uns immer dunkler wird, gewöhnen wir uns an, immer mehr Krankheit, Leid, Schicksale und dergleichen heraufzubeschwören, sie also in uns mehr und mehr zu verdichten, indem wir z.B. zu unseren Mitmenschen immer wieder über unsere Grauzonen, unsere Krankheit, sprechen. Wir sagen, daß wir krank seien und bejahen dies damit. Das bedeutet, daß wir unseren Zellen, Zellverbänden, ja allen Abläufen in unserem Körper die Krankheit zusprechen, die Zellverbände gleichsam mit Krankheit programmieren und dadurch dem Körper zunehmend mehr Lebenskraft entziehen.

Vielen Menschen - auch denen, die sich Christen nennen - ist die Aussage vom Heil: *Du bist der Tempel Gottes, und der Geist Gottes wohnt in dir,* verlorengegangen. Jeder Mensch ist gleichsam ein Haus; wir können ihn auch als Tempel des Geistes Gottes bezeichnen. Wir selbst verwüsten die Häuser, die Tempel, indem wir sie nicht nur schwächen, sondern vielfach zerstören durch unsere zerstörerischen Gedanken.

Wer sich nur noch mit sich selbst, mit seiner Angst, mit seinen Sorgen, Kümmer-

nissen, Krankheiten und dergleichen be-
schäftigt, der wird sich selten bewußt, welch
große Kraft in ihm liegt, die jeden Augenblick über das Gewissen spricht: Kehre um,
und erkenne, daß du ein Bewohner des Reiches Gottes bist, der die Gesetze des Heils
leben soll, um glücklich und gesund zu bleiben oder gesund zu werden.

Wer sich dem Reich Gottes, das in ihm
ist, zuwendet, der beginnt umzudenken. Er
weiß: In seinem Tempel, tief im Seelengrund, ist alles heil. Wer dies erfaßt hat, der
wird den Strom des Heils freilegen, indem
er seinem Erdenleben einen positiven, gottgewollten Sinngehalt gibt.

Richte deinen Radarschirm, die Seele,
auf die Kraftquelle, Gott, in dir aus,
und bringe den Heilquell der Liebe
und Harmonie zum Fließen

Unsere Seele kann mit einem Radarschirm
verglichen werden.

Wir Menschen tragen entscheidend zu
unserer Lebensqualität bei, wenn wir die Inhalte unseres Denkens und Verhaltens
überprüfen und uns auf die göttliche Liebe
und Weisheit einstimmen, auf rechtes positives Denken, das die Bejahung der Gesund-

heit beinhaltet. Dadurch richten wir den besagten Radarschirm, unsere Seele, auf die Kraftquelle GOTT in ihr aus, um Göttliches wie Hilfe, Heilung und vermehrte Lebenskraft zu empfangen.

Der ewige Heilquell, Gott, ist unendliche Liebe und Harmonie. Den Heilquell der Liebe und Harmonie können wir nur dann zum Fließen bringen, wenn wir unsere Lebensinhalte, unsere persönliche Welt, die aus unseren Verhaltensweisen besteht, ändern, das heißt, ihnen eine positive Ausrichtung geben, und mit unseren Mitmenschen Frieden schließen und Frieden halten.

Die kleinen und großen Schlachtfelder in und um uns sind Dissonanzen, die sich in und an unserem Körper, in unserer Seele und in der Welt auswirken

Wir Menschen haben die Angewohnheit, andere abzuwerten. Entweder weil sie uns nicht wohlgesonnen sind oder sich nicht so verhalten, wie wir es gerne hätten, oder weil sie nicht tun, was wir wollen, oder wir nehmen an, sie hätten uns unrecht getan, oder wir sind der Ansicht, daß wir etwas zu tragen hatten oder zu tragen haben, was an-

34

dere verursacht haben; ihnen weisen wir die entsprechende Schuld zu. Doch wer andere abwertet, der stellt sich über diese seine Mitmenschen und somit über Gott, da Gott Seine Menschenkinder weder abwertet noch verurteilt. Auch durch Schuldzuweisung an andere wollen wir letztlich zeigen, daß w i r besser und eventuell sogar makellos wären.

Wer sich einen solchen Verhaltensnimbus geschaffen hat, ist sodann gezwungen, diesen durch Selbstbestätigung aufrechtzuerhalten. Daraus entwickeln sich Unzufriedenheit, Disharmonie, Leistungsstreß und der Druck, sich unentwegt darstellen, also produzieren und beweisen zu müssen. Die Folge davon ist, daß sein Nervensystem ständig unter Hochspannung steht. Aus der Summe eines solchen Denkens und Verhaltens entstehen die Kleinkriege in der Familie, am Arbeitsplatz und am Ende sogar Weltkriege, weil der eine im anderen immer nur den Feind sieht.

Diese kleinen und großen Schlachtfelder in und um uns sind Dissonanzen, die sich zuerst in unserer Umgebung bemerkbar machen und eventuell später - je nach Machtposition - auch in der Welt. Solche »Wertbemessungen« wirken sich unweigerlich an und in unserem Körper aus und gehen in unsere Seele ein. Dadurch wenden wir uns immer mehr von Gott, der Liebe und Harmonie, ab. Früher oder später, eventuell erst in anderen Inkarnationen, werden wir das erdulden, womit wir heute, in diesem Erdendasein, gegen unsere Mitmenschen in Gefühlen, Empfindungen, Gedanken, Worten und Taten in den Kampf zogen.

Jesus lehrte die Feindesliebe: *Liebe deine Feinde; tue Gutes denen, die dich hassen.* Wer diese Aussage Jesu in der Tiefe erfaßt, der versteht auch, warum es in dieser Welt so ist, wie es ist; er versteht, daß Krankheit, Leid, Siechtum, Erdkatastrophen, Kriege und vieles mehr nicht von Gott kommen und auch nicht Willkür sind, sondern einzig vom Menschen ausgehen. Eine Ganzheitsheilung kann daher nur dann erfolgen, wenn wir uns unserer Fehlhaltungen - auch in unserem Beteiligtsein am Weltgeschehen - bewußt werden und wir damit beginnen, mit unseren Mitmenschen, aber auch mit dem gequälten Tierreich, dem Pflanzen- und Mineralreich Frieden zu schließen, indem wir unsere Fehlhaltungen ihnen gegenüber erkennen, sie bereuen, mit der Hilfe des Christus Gottes bereinigen und nicht mehr tun.

Nur durch die Umorientierung hin zur Quelle der Liebe und des Friedens entwickeln wir die Gottes- und Nächstenliebe und

die Harmonie. Die Gottes- und Nächstenliebe ist der heilende Kraftquell, der labende
Trunk für die Seele und den Leib. Durch
unsere Selbsterkenntnis und Umkehr richtet
sich der Radarschirm, die Seele, mehr und
mehr auf die Heilquelle, Gott, aus.

Wir sollten täglich daran denken, daß
Schwächezustände, Krankheiten und Schicksale nicht nur körperbedingt, sondern vor
allem seelischer Natur sind: Der Radarschirm, unsere Seele, hat sich durch unsere
Fehlhaltungen auf entsprechende andere
Sendestationen ausgerichtet, und der Mensch
empfängt nun das, was er sich vorgegeben
hat. Daraus entwickeln sich dann Krankheit,
Leid und weiteres, das nämlich, was der
Sender eben sendet. Die Wirkungen unserer
Ursachen - Krankheit, Leid und dergleichen -
kommen von dem Sender, den wir selbst geschaffen und gespeist haben, also aus unseren persönlichen Eingaben. Durch unser Gegensätzliches ist unser Seelisches und Physi-
sches außer Ordnung geraten, was mit der
Zeit zu Schicksalen und Krankheiten führt.

Seelisch-physische Ordnung ist gleich
Harmonie, und Harmonie ist Gesundheit
und positive Lebensqualität. Was unserem
Freisein von Schicksalen und jeglichen
Zwängen - von Not, Leid, Krankheit - und
auch unserer Gesundung entgegensteht,

sind wir selbst, sind die Dissonanzen in unserer Seele und in unserem Leib.

Das ganze Desaster beginnt mit unseren Ängsten, unseren Zweifeln und ist letztlich auf unseren Unglauben gegenüber der ewigen Kraftquelle, Gott, zurückzuführen. Anstatt Frieden zu schaffen, schufen wir Unfrieden in uns selbst und, als Ganzes gesehen, in der Welt, denn das Resultat ist in immer mehr Menschen die Unordnung in Seele und Körper.

Unser Körper kann von sich aus nicht erkranken. Krankheit ist die Folge falschen Denkens und Verhaltens

Solange die Sünde besteht, bestehen auch Leid, Krankheit und Not, zuerst unsichtbar, später sichtbar, dann, wenn die Sünde im Körper aktiv wird und sich dort manifestiert.

Wollen wir in Seele und Leib Ordnung erlangen, dann müssen wir den Zugang zu den heilenden Kräften schaffen, indem wir unser Denken und Verhalten ändern, uns also positiv ausrichten, gleichsam unseren Radarschirm auf den Heilsender GOTT einstellen.

Soweit wir zurückblicken können, versucht der Mensch, körperliche Leiden von der körperlichen Seite her zu behandeln. Doch der Körper kann von sich aus nicht erkranken. Krankheit ist die Folge unseres falschen Denkens und Verhaltens.

Ein Beispiel: Bauen wir Staudämme, um das Wasser abzufangen, so vertrocknet allmählich das Land. Ähnlich ist es mit dem Kraft- und Lebensquell, welcher die Lebens- und Heilkraft ist. Schaffen wir Staudämme in uns, indem wir uns von Gott, dem Leben, abkehren, so daß sich unsere Fehlhaltungen in unserer Seele und in unserem Körper auftürmen, dann erhält der Körper immer weniger Lebensenergie. Mit der Zeit dürsten die Organe des Leibes; ihre Funktionsleistung wird schwächer. Die Folge ist Energiearmut, woraus sich unsere Schicksale, Krankheiten, Leiden und Nöte aller Art ergeben. Versuchen wir, allein den Körper zu heilen - mit mehr oder weniger Erfolg -, so muß uns bewußt werden, daß damit die Krankheit dennoch nicht behoben ist, weil diese aus der Seele kommt, die unsere Fehlhaltungen gespeichert hat.

Die Schwächung der Seele durch unsere Abkehr von Gott führt mit der Zeit auch zu Körperschwäche.

Es gibt keine Krankheit, die nicht aus der Seele käme. Von außen Kommendes kann sich auf Dauer nicht festsetzen, wenn es nicht in der Seele Entsprechendes vorfindet, das es aktiviert und das sich dann auch - als Übel, Leid, Krankheit und vieles mehr - im Körper festsetzt. Das alles sind unerwünschte Zustände, die in unser Leben einbrechen. Doch wir sollten uns immer wieder bewußt machen: Wir haben diese Zustände selbst geschaffen, zuerst im Unsichtbaren. Doch wir müssen nicht warten, bis sie sich schließlich sichtbar und körperlich schmerzlich fühlbar manifestieren.

Urchristliche Glaubensheilung
bedeutet Aktivierung des Glaubens
an Christus, indem der Mensch
seine Tage nützt ...

In vielen Kulturen fanden und finden wir die Glaubensheilung. Sie wird - auch in unserer Zeit - die geistige Ganzheitsheilung genannt: die Heilung der Seele, deren Folge die Heilung des Körpers sein kann.

Urchristliche Glaubensheilung bedeutet Aktivierung des Glaubens an Christus, indem der Mensch seine Tage nützt, seine Fehlhaltungen erkennt, sie bereut, bereinigt und nicht mehr tut, also seinen Radarschirm, seine Seele, auf Gott ausrichtet, so daß die mächtige Heilkraft durch die Seele in den Körper zu strömen vermag, um dessen Selbstheilungskräfte zu aktivieren. Das ist Urchristliches Heilen, Urchristliche Glaubensheilung, die Ganzheitsheilung durch den Geist Gottes.

Von Jesus, dem Christus, ist uns Christen geboten, die seelischen Unstimmigkeiten, die Disharmonien, Fehlhaltungen, auch Sünden genannt, mit Seiner Kraft zu beheben. Sofern wir Gleiches und Ähnliches nicht mehr tun, wandeln sich die Unstimmigkeiten, die Disharmonien in Seele und Leib, um in Harmonie. Harmonie in Seele und Leib bewirkt, daß Leiden und Krankheiten abklingen oder ganz verschwinden.

Die hohe Zeit des urchristlichen Christentums. Im Universellen Leben richtete Christus das weltweite Gebets- und Glaubensheilzentrum ein

In unserer dunklen Zeit tat sich der Himmel auf; es ist die hohe Zeit des urchristlichen Christentums.

Christus, der Sohn Gottes, der Erlöser aller Seelen und Menschen, offenbart sich seit etwa 20 Jahren durch Seine Prophetin. In der ganzen Welt kann Sein Wort über

Rundfunk und Fernsehen gehört werden. Er, der große erlösende Geist, gießt die ganze Wahrheit aus, so weit sie mit unseren Worten wiedergegeben werden kann. Das hat Jesus versprochen, als Er unter den Menschen als Mensch wandelte. Er sprach: *Aber der Tröster, der Heilige Geist, den Mein Vater senden wird in Meinem Namen, der wird euch alles lehren und euch an alles erinnern, was Ich euch gesagt habe.*

Christus machte Sein Versprechen wahr. Gerade in der dunkelsten Zeit, in welcher die Menschheit geschüttelt und gerüttelt wird durch Krankheiten, Bedrängnisse, Hungersnöte, Verbrechen jeglicher Art, Erdkatastrophen, Kriege und vieles mehr, spricht Er, Christus, machtvoll in diese Welt hinein, um uns Menschen zu helfen, uns zu heilen und uns die Botschaft der Liebe zu verkünden.

In Seinem erdumspannenden göttlichen Werk, dem Universellen Leben, richtete Er das weltweite Gebets- und Glaubensheilzentrum ein, um Seinen Menschenkindern über Menschen, die bestrebt sind, Seinen Willen zu tun, Seine Lebens- und Heilkraft zuströmen zu lassen.

Vielen Menschen ist bewußt geworden, daß Urchristliche Glaubensheilung, so, wie Jesus sie den Seinen übertragen hat, eine einmalige Chance ist. Immer mehr Menschen kommen in das weltweite Gebets- und Glaubensheilzentrum des Jesus, des Christus, um sich auf Christus einzustimmen. Immer mehr Menschen in nah und fern, von allen Kontinenten, rufen die urchristlichen Glaubensheiler an und bitten sie, zu einer bestimmten Zeit mit ihnen zu beten, was auch geschieht. Viele haben durch den lebendigen Quell, den Heiligen Geist, die Heilung der Seele und des Leibes erfahren, denn Christus ist der Innere Arzt und Heiler, der Heiler der Seele, der die Selbstheilungskräfte des physischen Leibes aktiviert, so daß Ganzheitsheilung möglich ist.

Der Heilungsuchende muß jedoch bereit sein, den Glauben an Jesus, den Christus, den inneren Kraftquell, zu entwickeln, ihn also zum Fließen zu bringen, indem er Haß, Neid, Feindschaft, Aggressionen, all das, was der Harmonie und somit der Ganzheitsheilung entgegensteht, in seiner Wurzel erkennt, bereut und bereinigt auf dem Weg der Bitte um Vergebung, der Vergebung, der Wiedergutmachung - soweit dies noch möglich ist - und des Nicht-mehr-Tuns. Dadurch wird er empfänglich für den Strom der Heil- und Lebenskraft, den Geist Gottes.

Das gleiche Fehlverhalten nicht mehr zu tun, ist entscheidend; sagte doch Jesus zu denen, die durch Ihn geheilt wurden, als Er als Mensch unter Menschen wandelte: *Dein*

Glaube hat dir geholfen; gehe hin, und sündige fortan nicht mehr. Oder in Seiner Bergpredigt: *Darum, wer diese Meine Rede hört und tut sie, der gleicht einem klugen Mann, der sein Haus auf Fels baute. Als nun ein Platzregen fiel und die Wasser kamen und die Winde wehten und stießen an das Haus, fiel es doch nicht ein; denn es war auf Fels gegründet. Und wer diese Meine Rede hört und tut sie nicht, der gleicht einem törichten Mann, der sein Haus auf Sand baute. Als nun ein Platzregen fiel und die Wasser kamen und die Winde wehten und stießen an das Haus, da fiel es ein, und sein Fall war groß.*

Die Kraftquelle GOTT vermag alles. Die Erfüllung Seines Willens bringt Seine Kraft zum Fließen

Die Kraftquelle GOTT in uns vermag alles - wenn wir wollen, wenn wir uns der einströmenden Gotteskraft hingeben durch die Erfüllung Seines Willens, den wir in den Zehn Geboten Gottes und in der Bergpredigt Jesu finden.

Gott wird nicht unseren Körper gesund machen oder gesund erhalten, sondern über unsere Seele die Selbstheilungskräfte unseres Körpers aktivieren, so daß diese ihre

Funktion erfüllen können, den Körper zur Gesundung zu führen. Jeder einzelne von uns trägt dazu entscheidend bei.

Uns sollte bewußt werden, daß alle unsere gegensätzlichen Verhaltensweisen eine entsprechende Auswirkung in der Seele und im Körper haben. Diese wird uns so lange belasten und quälen, bis wir das zugrunde-liegende Gegensätzliche mit der Hilfe der Erlöserkraft des Christus Gottes auflösen und so die göttlichen Energien zum Tragen kommen lassen. Die Aktivierung der heilenden Kräfte wirkt sich sowohl in den einzelnen Zellen aus als auch in den Zellverbänden, Organen, Nerven, Drüsen und in allen Funktionen des Körpers.

Jeder von uns bestimmt also selbst Ganzheitsheilung oder Ganzheitsgesundsein.

Erkenne deine aktiven Ursachen
in deinen Erregungen, an deinem
Körperverhalten und an deiner Atmung;
bereinige sie rechtzeitig,
bevor die Wirkung dich trifft

Immer wieder wird die Frage gestellt, ob es Anzeichen gibt, die uns erkennen lassen, was wir schon an Eingaben gemacht, was wir also durch unser Fühlen, Empfinden,

Denken, Reden und Handeln an Negativ-
energien geschaffen haben, die uns dann
steuern und die Wirkungen auf unsere ge-
setzten Ursachen herbeiführen.

Wenn uns ein Problem, ein Gespräch
oder eine Situation bewegt, dann reagiert
über das Nervensystem unser Körper entsprechend. Seine Bewegungsabläufe entsprechen dem, was hinter unseren Gedanken und Worten steht, also deren Inhalten.
Auch unsere Atmung verändert sich. Wir
atmen entsprechend unserer Erregung. Unsere Atmung wird dann flacher, das Herz
schlägt eventuell schneller. Alles, was sich
in und an uns verändert, ist ein Hinweis auf
unsere persönlichen Eingaben.

Die Inhalte unserer Eingaben erfahren
wir, wenn wir im Zuge unserer Selbsterfor-
schung - auf den äußeren Hinweis hin -
unsere Gefühls-, Empfindungs- und Gedankenwelt befragen. Z.B.: Warum geht mein
Atem jetzt rascher oder ist gar gepreßt?
Oder: Was habe ich gedacht und gefühlt, als
mir soeben ein Seufzer entfuhr? - Nichts geschieht zufällig. Die Inhalte unserer Ge-
mütsbewegungen entsprechen unseren Eingaben.

Weil jeder Tag jedem einen Teil seiner
Eingaben offenbar werden läßt, ist auch der
Atem jedes einzelnen Menschen jeden Tag,
ja in jeder Situation verschieden, je nach Be-

findlichkeit des Menschen. Somit kann gesagt werden: Jeder Mensch hat jeden Tag von Geburt bis zum Tod einen anderen Atemrhythmus.

Machen wir uns folgendes bewußt: Jeden Tag sprechen wir, jeden Augenblick denken wir. Mit den Verhaltensweisen, die nicht den Geboten Gottes entsprechen - z.B. Neid, Eifersucht, Habgier, Leidenschaft oder indem wir falsches Zeugnis geben wider unseren Nächsten - verstärken und erweitern wir unsere Eingaben. Diese bauen sich allmählich zu Komplexen auf, wobei sich gleiche und ähnliche Komplexe verbinden. Aus der Vielheit gleicher und ähnlicher Eingaben entstehen sogenannte Komplexverbindungen, die wir dann global als Angst, Sorgen, Probleme, Wut, Aggressionen, Leidenschaften und dergleichen bezeichnen. Diese Komplexe oder Komplexverbindungen bewirken den entsprechenden Atemrhythmus.

Wer durch falsches Denken und Verhalten - nicht selten auch am Arbeitsplatz - seinen Körper durch beständige Kurzatmung strapaziert, der verhindert, daß das Leben, das unser Atem ist, unseren physischen Leib in vollem Umfang zu durchströmen vermag. Das bedeutet, daß wir in unserem Körper Blockaden schaffen, da unser Atem nicht mehr alle Zellen, Zellverbände, Organe und alle Funktionsabläufe mit den entsprechenden notwendigen Lebenssubstanzen versorgen kann. Die Folge ist, daß Teile unseres Körpers allmählich darunter zu leiden haben. Durch die Schwächung der Funktionen unseres Körpers nimmt dieser von außen, von der Umwelt, die entsprechenden Keime und Erreger auf; die schwachen Organe infizieren sich damit und erkranken. Diese Krankheit liegt jedoch als Eingabe in unseren Genen, in unseren Zellverbänden und in unserer Seele und über die Seele in den Gestirnen.

Jeden Tag haben wir die Chance, einen Teil unserer persönlichen aktiven Eingaben zu erkennen und sie unschädlich zu machen, indem wir den Weg einschlagen, den uns Jesus gelehrt hat und Christus heute wieder lehrt. Er lautet: *Erkenne dich selbst in deinen Erregungen, an deinem Körperverhalten, an deiner Atmung. Blicke in die Aufwallungen deines Gemüts hinein, und finde darin die Wurzel. Und so du diese mit Meiner Kraft bereust und bereinigst und Gleiches und Ähnliches nicht mehr tust, wird dich das Übel, deine Eingaben, nicht treffen, da Ich in deiner Seele das Ungute in Gutes, also Positives, wandle. Dann ist das Übel, das Gegensätzliche, aufgehoben.*

Jede Krankheit kommt also aus unseren negativen Eingaben, über die Einstrahlung von Planetenkonstellationen, die in unserer Seele die entsprechenden Komponenten anregt. Die Seele läßt die aktiven Eingaben in den Körper einströmen. Die anfälligen Teile unseres Leibes, die ohnehin durch unser Verhalten schon spärlich mit Lebenskraft versorgt werden, erkranken oder nehmen, vorgeschädigt, wie sie sind, entsprechende Erreger von außen auf.

Sind im Körper gegensätzliche Eingaben aktiv, ist er also befallen und somit krank, dann ist es möglich, daß, je nach Schwere der Krankheit, diese autonom sein kann. Der Mensch kreist dann nur noch in der Welt seines Krankseins, in der Symptoma--tik seines Krankheitsbildes. Aufgrund der Schmerzen und Ängste vermag er nun seine Gedanken und all das, was ihm die Krankheit übermitteln möchte, nicht mehr wahrzunehmen. Deshalb kann eine Heilung der Krankheit nur eine Ganzheitsheilung sein, die Heilung der Seele und des Leibes.

*Jesus legte den Heilungsuchenden
die Hände aufs Haupt und betete.
Er sprach: »Dein Glaube hat dir
geholfen. Gehe hin, und sündige
fortan nicht mehr.«
Auf ähnliche Weise wirken
urchristliche Glaubensheiler*

Jesus legte den kranken und leidenden
Menschen die Hände aufs Haupt und betete zu Gott, Seinem himmlischen Vater, um
Beistand und um Hilfe für den Heilungsuchenden. Jesus war die Kraftquelle der
Liebe, die sich auf denjenigen übertrug, der
sein Leben dem lebendigen Glauben weihte,
also seine Fehlhaltungen bereute und nicht
mehr tat. Entsprechend dieser Verhaltens-
weise heilte Jesus, der Christus, denn Er
sprach zum Heilungsuchenden: *Dein Glaube
hat dir geholfen. Gehe hin, und sündige fortan
nicht mehr.*

Auf ähnliche Weise wirken urchristliche
Glaubensheiler. Menschen, die Jesus, dem
Christus, ernsthaft nachfolgen - und nicht
nur davon reden -, die also Seine Lehre
schrittweise erfüllen, die das Leben in und
mit Christus gleichsam im Alltag verkör-
pern und so zum Kanal für das strömende,
heilende Licht des Christus Gottes wurden,
halten ihre Hände über das Haupt des Hei-

lungsuchenden und beten zu Christus für ihren Bruder, ihre Schwester. Durch das Gebet verstärken die urchristlichen Glaubensheiler im Heilungsuchenden die Heil- und Lebenskraft in Seele und Leib. Ist der Heilungsuchende bereit, zu tun, was Jesus geboten hat: *Gehe hin, und sündige fortan nicht mehr*, dann fließen die Heilströme vermehrt in die Seele und in den Körper. Dann kann der Wille des Herrn geschehen, die Ganzheitsheilung durch den Inneren Arzt und Heiler, Christus in uns.

Der Unterschied zwischen Geistheiler und urchristlichem Glaubensheiler

Viele Menschen kennen die Unterschiede zwischen Geistheiler und urchristlichem Glaubensheiler nicht, deshalb sei folgendes Grundsätzliche gesagt.

Im ewigen Sein schöpfen die Wesen in Gott aus der einen Kraft- und Lebensquelle, die Gott, die All-Kraft, ist. Wir könnten sagen: Gott ist im reinen Sein der einzige und zentrale Sender.

Wir Menschen auf der Erde empfangen zwar die Kraft für unser irdisches Dasein, die erhaltende Lebensenergie, ebenfalls von

Gott; doch darüber hinaus schöpfen wir aus der göttlichen Quelle nur in dem Maße, wie unsere Seele durchlichtet ist. Einen höheren Durchlichtungsgrad unserer Seele erlangen wir einzig durch ein auf Gott und Seine Gebote ausgerichtetes Leben.

Mit jedem negativen Gedanken z.B. stellen wir eine Kommunikation zu einem Sender her, der dem Inhalt unseres Gedankens entspricht. Daraus ergibt sich: Wir Menschen können auf eine Vielzahl sehr unterschiedlicher Sender ausgerichtet sein; dementsprechend können wir auch aus sehr unterschiedlichen Quellen empfangen.

Ist es der Gottesgeist, der eine Heilung des Körpers bewirkt, so geschieht dies nur auf dem Weg über die Reinigung der Seele, die nicht ohne das Mitwirken des Heilungsuchenden selbst, ohne dessen Selbsterkenntnis und Bereinigung seiner Fehlhaltungen, zustande kommt. Das ist die echte Heilung, die Ganzheitsheilung, die Heilung der Seele und ihr zufolge die Möglichkeit der Heilung des Körpers. Dabei hilft der urchristliche Glaubensheiler insofern, als er als Bruder, als Schwester dem Heilungsuchenden durch sein selbstloses Gebet zur Seite steht. Sein Gebet besteht gleichsam aus der Ausrichtung auf den Strom des Heils, Gott, und der Bitte, daß Sein Wille geschehen möge.

Eine Ganzheitsheilung kann sich auch ohne einen urchristlichen Glaubensheiler vollziehen, denn die Christus-Gottes-Kraft, der Innere Arzt und Heiler, ist in jedem Menschen.

Ist die unmittelbare Ausrichtung auf die reine Quelle, Gott, nicht gegeben, so kann es sein, daß auch andere Energien wirksam werden, solche, die nicht aus der göttlichen Quelle, dem All-Sender, Gott, kommen.

Der Heilungsuchende, der einen Geistheiler aufsucht, wird selten die Gewißheit haben, welche Kräfte aus welcher Quelle wirken. Es besteht die Möglichkeit, daß es die Christus-Gottes-Kraft ist. Ein Geistheiler kann aber auch das Instrument eines verstorbenen ehemaligen Geistheilers sein, eines ehemaligen Mediziners oder das Instrument eines ehemaligen Heilkundigen einer nichtchristlichen Religion, z.B. eines buddhistischen oder hinduistischen Geistheilers; durch einen Geistheiler können auch energetische Kräfte von Seelen wirken.

Jeder urchristliche Glaubensheiler, der von sich sagen würde, daß er z.B. mit der Kraft des Geistes einen Menschen geheilt hat, ist ein Scharlatan. Und jeder Geistheiler - einerlei, woher er die Kraft nimmt -, der sagt, er hätte geistige Heilerfolge, ist ein Scharlatan. Jesus, der Christus, ist ganz und gar außerhalb der Schmeichelei über einen Erfolg.

Es sei mit anderen Worten noch einmal gesagt: Ein urchristlicher Heiler ist nichts anderes als ein Kanal des Jesus, des Christus, der selbst so heilte, wie Er es später durch Seine Apostel und Jünger tat gemäß Seinen Worten: *Dein Glaube hat dir geholfen; gehe hin, und sündige fortan nicht mehr.*

Die urchristlichen Glaubensheiler wirken also gemäß der Lehre des Jesus, des Christus. Sie unterstützen mit ihrem Gebet den Heilungsuchenden, der selbst aktiv wird, indem er seine erkannten Fehlhaltungen, also Sünden, bereut, bereinigt und nicht mehr tut.

Dadurch öffnet er sich mehr und mehr für die Heil- und Lebenskraft, Gott, wodurch seine Seele Heilung erlangt, was sich in der Folge auch im Körper positiv auswirken kann.

Es kann also ein großer Unterschied sein zwischen Geistheiler und urchristlichem Glaubensheiler.

Wer sein Schattendasein,
seine Sünden, tilgt, der kommt
allmählich zur Sonne,
zu Gottes Liebe, die heilt und hilft

So manch einer ist der Ansicht, es gäbe keine Heilung durch den Geist Gottes; Handauflegen und Beten sei Magie oder Humbug. Wer dieser Meinung ist, verneint damit die Existenz des Geistes Gottes.

Gott ist Liebe, Kraft, Licht und Heil. Gott vermag alles - nur wir Menschen mögen oftmals nicht. Wir Menschen wollen, daß uns so geholfen wird, wie wir es wollen, oder daß wir so geheilt werden, wie wir es gerne hätten. Gott gedenkt jedoch zuerst der Seele, die unsterblich ist, weil das Reine in der Seele Gottes Schöpfung ist.

Wir Menschen haben den freien Willen, uns Gott, dem Licht und der Heilung, zuzuwenden - oder uns selbst zu bestimmen, indem wir so wollen, wie Gott eben nicht will.

Ein Beispiel: Wenn sich ein Mensch bewußt und trotzig im Schatten aufhält, obwohl die Sonne scheint und ihn wärmen könnte, und er trotzig ruft: »Mir ist kalt! Mich friert! Ich friere!«, und andere sagen: »Komm doch an die Sonne«, er aber meint, die Sonne müsse zu ihm kommen - dann friert oder erfriert er eben. Die Sonne ist unpersönlich. Sie scheint und scheint. Sie richtet sich nicht nach der trotzigen Person, die nur einige Schritte tun müßte, um an der Sonne zu sein.

Ähnlich ist es mit uns Menschen. Wir rufen nach Gott, bitten Ihn um Hilfe, aber wollen die alten Sünder bleiben und unser Schattendasein nicht aufgeben. Es ist nicht selten, daß wir Gott um Hilfe und Heilung bitten, und meinen damit, die Sonne, Gott, sollte den Schatten, die Sünde, stärken; Er solle es so halten, wie wir wollen. Tut Gott nicht, wie wir, die in der Sünde Verharrenden, wollen, dann zweifeln wir an der Existenz Gottes.

Gott in Christus, unserem Erlöser, ist f ü r alle Menschen und Seelen. Er gibt und gibt, ähnlich der Sonne. Wer sein Schattendasein, seine Sünden, die zu Krankheit, Leid, Schicksalen und dergleichen geführt haben, mit der Hilfe unseres Erlösers, Christus, bereut, bereinigt und nicht mehr tut, der löst seine Schattenbilder auf und kommt allmählich zur Sonne, zu Gottes Liebe, die heilt und hilft.

Gott in Christus gibt immer, gleich der Sonne. Wer sich zur Sonne, zu Christus, begibt, indem er nach dem Willen Gottes fragt und Seinen Willen schrittweise tut, der erlebt an sich den Erfolg. Jeder Heilungsuchende, der Hilfe und Ganzheitsheilung erlangt - denn Gott beachtet zuerst die Seele und dann den Leib -, der ist es, der Erfolg hat, weil er sich dem heilenden Strom, Christus, hingegeben hat und in Christus bleibt, also an der Sonne, weil er seine Schatten, seine Sünden, mit Christus löst.

In der Urchristlichen Glaubensheilung findet der Heilungsuchende Zugang zu den Gedanken oder Bildkomplexen, die ihm aufzeigen, was zur Bereinigung ansteht

Ein urchristlicher Glaubensheiler, der seine Hände über den Heilungsuchenden hält und betet, kann also bewirken, daß sich die einströmende Christus-Gottes-Kraft im Heilungsuchenden verstärkt, daß dieser stiller wird und sich der heilenden Kraftquelle hingibt, was zu Entspannung und gleichsam zum Aufatmen führt. Dadurch lösen sich Teile der Blockaden; der Heilungsuchende beginnt, ruhiger und tiefer zu atmen, und findet so wieder ganz allmählich Zugang zu seinen Gedanken oder gar Bildkomplexen, die ihm aufzeigen, was zur Bereinigung ansteht. Bereinigt er das erkannte Fehlverhalten mit der Hilfe der Christus-Gottes-Kraft und tut es nicht mehr, kann schrittweise die Ganzheitsheilung erfolgen, das Lichterwerden der Seele und aufgrund dessen das Heilwerden des Körpers.

Ein urchristlicher Glaubensheiler ist also nichts anderes als ein Kanal, durch den die Christus-Gottes-Kraft zu fließen vermag und der durch sein Gebet mit dazu beiträgt, im Heilungsuchenden die Ganzheitsheilung zu fördern.

Eine Übung, um an uns selbst zu erfassen, wie unsere Gefühle und Gedanken auf unsere Atmung einwirken

Wir Menschen suchen immer nach Beweisen, ob das, was gesagt und geschrieben steht, wahr ist. Auf mannigfache Art und Weise zeigen uns die Reaktionen unseres Körpers, daß sie auf die Welt unseres Fühlens, Empfindens, Denkens, Sprechens und Handels reagieren. Wenn Sie wollen, prüfen Sie selbst anhand einer Übung, wie Ihr Körper reagiert.

Durch Selbstbeobachtung können Sie z.B. feststellen, wie Gefühle und Gedanken auf Ihre Atmung einwirken:

Legen Sie beide Hände auf Ihre Brust, und wenden Sie sich Ihrem Atem zu. Beobachten Sie Ihren Atem, wie er kommt und geht. So mancher wird sehr bald merken, daß sein Atem flach ist, daß er schwer durchzuatmen vermag. Das zeigt eine Teilblockade an.

Legen Sie nun Ihre beiden Hände auf Ihren Bauch, und konzentrieren Sie sich wieder auf Ihren Atem. Kann er Sie ohne größere Anstrengung ganz und gar durchfluten, oder müssen Sie sich anstrengen, bis zum Bauchraum hinabzuatmen?

Unser Atem sollte ohne Hindernis alle Zellen, Zellverbände, alle Organe, alle Körperteile und sämtliche Körperfunktionen durchströmen. Wir merken sehr rasch, ob in uns Blockaden vorhanden sind, wenn wir einige Male tief ein- und ausatmen. Beim Einatmen werden wir feststellen, daß unser Atem den ganzen Körper durchströmen und beim Ausatmen Schadstoffe aus unserem Körper herausatmen möchte.

Atmen Sie einige Male ein und aus. Atmen Sie durch die Nase so lange ein, wie dies möglich ist. Füllen Sie Ihren Körper mit dem Atem. Nun atmen Sie durch den Mund langsam aus. Atmen Sie so lange aus, wie dies möglich ist.

Das vollziehen Sie nun einige Male, wobei Sie keine Gedanken zulassen. Konzentrieren Sie sich ganz auf Ihren Atem.

Und nun lassen Sie es wieder atmen, so,
wie der Atem kommen und gehen möchte.

*Das Lösen von Teilblockaden oder
Blockaden erfolgt ausschließlich
durch das Lösen von Schuld.
Atmung und Körperreaktionen sind
das Barometer unseres Für und Wider*

Nach einer solchen Übung erkennen Sie,
wie rasch Sie frei werden von bedrücken-
den Gedanken, von Sorgen, Depressionen
und dergleichen. Das hält jedoch nicht lange
an - die alten Gedankenmuster treten wieder auf. Warum? Wir konnten Teilblokka-
den oder Blockaden, welche die Atmung
flach halten, durch ein gezieltes Atmen nur
kurze Zeit von uns fern halten, jedoch nicht
aufheben.

Das Lösen dieser Hindernisse erfolgt ausschließlich, indem wir uns der Lehre Jesu
bewußt werden, die lautet: Erkenne deine
Fehlhaltungen, bereue und bereinige sie,
und tue Gleiches und Ähnliches nicht mehr.
Jesus drückte das Lösen von Schuld auch

anders aus, z.B. in den Worten: *Dein Glaube hat dir geholfen; gehe hin, und sündige fortan nicht mehr.* Damit meinte Er den aktiven Glauben: Wir sollen mitwirken, indem wir unsere Fehlhaltungen erkennen, bereuen und nicht mehr tun. Denn es waren und sind nicht andere, die uns ihre Schuld übertrugen oder übertragen - es sind wir selbst. Und es liegt in unserer freien Entscheidung, uns von diesen Belastungen wieder zu trennen.

Ein urchristlicher Glaubensheiler kann durch das Gebet und indem er betend die Hände über das Haupt des Heilungsuchenden hält, mit dazu beitragen, daß sich in diesem die Christus-Gottes-Kraft verstärkt - natürlich nur dann, wenn der Heilungsuchende mitmacht, wenn er das will -, denn dann spricht seine Seele zu ihm und teilt sich im Oberbewußtsein mit. Dort entwickeln sich dann Gedanken oder Bilder aus seiner Vergangenheit. Er kann einen Teil seiner Eingaben sehen, die im Körper zu einer Teilblockade oder Blockade geführt haben. Dann ist der Heilungsuchende gefragt, ob er mit Hilfe der Geistkraft aus der ewigen Quelle, GOTT, die entsprechenden Teile aus seiner Vergangenheit, seine gegensätzlichen Eingaben, bereut, bereinigt und nicht mehr tut - oder ob er seine Fehlhaltungen weiterhin verstärkt durch gleiche und ähnliche Ge-

danken und Worte oder durch gleiches Fühlen und Wollen. Unsere Atmung und unsere
Körperreaktionen sind immer das Barometer
unseres Für und Wider.

Positive Gefühle und Gedanken
können unmittelbar wirken.
Erst unser Umsetzen ihrer Inhalte
im Alltag bringt bleibende Besserung

Mittels einer weiteren Übung können Sie
sich selbst beweisen, wie z.B. positive, auf-
bauende Gefühle und Gedanken auf Ihren
Körper einwirken.

Legen Sie Ihre rechte Hand auf einen Teil
Ihres Körpers - Sie können bestimmen, welchen Sie wählen -, und konzentrieren Sie
sich darauf. Senden Sie positive, aufbau-
ende Gedanken, Gedanken der Harmonie
und Liebe, zu diesem Körperteil. Sie werden
sehr bald feststellen, daß dort, wohin Sie
positiv denken, Energie zufließt. Sie fühlen
sich wohler, Sie werden ruhiger. Stellen Sie
sich das Organ oder den Körperteil, auf
dem Ihre rechte Handfläche liegt, bildhaft
vor, und denken Sie Lebenskraft und Gesundheit hinein. Sie selbst sollen die Erfahrung machen, wie positive Gedanken unmittelbar wirken können. Wenn wir dann

das Positive, das wir unseren schwachen oder kranken Teilen unseres Leibes zugedacht haben, auch im Alltag umsetzen, z.B. in der Familie, im Bekannten- und Freundeskreis oder am Arbeitsplatz, dann erleben wir, daß es uns von Tag zu Tag besser geht. Auch hier ist also unser Mitwirken gefragt, damit das Gedachte und Gewünschte sich manifestiert und bleibend realisiert.

Natürlich bedarf es der Geduld. Eine über lange Zeit gepflegte Fehlhaltung, die zu einer Unpäßlichkeit oder gar Krankheit geführt hat, läßt sich von heute auf morgen nicht einfach wegwischen. Wir müssen unsere Fehlhaltungen noch eine Zeitlang verspüren, bis wir gewillt sind, davon ganz und gar Abstand zu nehmen. Es ist also Geduld angesagt.

Die Liebe zu Gott ist die rechte Liebe zu unserem Nächsten und zu unserem Körper

Eventuell werden Sie denken: Warum soll ich meine Organe lieben? Ist das nicht Eigenliebe?

Alles, auch jede Zelle, trägt im Urgrund das Göttliche, die Liebe, denn Gott, die Liebe, ist allgegenwärtig. Deshalb ist alles von

Gott geliebt. Auch jeder von uns Menschen ist von Gott geliebt. Gott liebt natürlich nicht das Gegensätzliche des Menschen. Er, Gott, strahlt uns immer Seine Liebe zu.

Alles und alle sehnen sich nach Liebe. Jede Zelle, alle Körperfunktionen und -säfte unseres Leibes sehnen sich nach Liebe. Liebe ist das ausgewogene Sein, es ist Harmonie.

Wir sollten unseren Körper nicht vernachlässigen, sondern ihm das an Nahrung zuführen, was er benötigt. Damit er eine ausgewogene Nahrung richtig aufschließen und verteilen kann, bedarf es unserer nervlichen Ausgeglichenheit, also der Harmonie. Es nützt also wenig, dem Körper eine zuträgliche Nahrung zuzuführen und gleichzeitig Gehässigkeiten, Neid, Feindseligkeiten, also Liebloses, anderen zuzudenken. Einerseits ist es möglich, daß die sogenannten anderen von unseren negativen Gedankenenergien einiges aufnehmen; das tun sie, wenn sie sich auf unserer Wellenlänge befinden. Andererseits gilt: Alles, was von uns ausgeht, geht wieder in uns ein. Unsere Lieblosigkeit bewirkt dann in uns den Mangel an Liebe, also Disharmonie.

Unser Verhalten wird mit der Zeit zum Verhalten unseres Körpers, der Zellen und Zellverbände, der Drüsen, Hormone, der Nerven, der Säfte und Blutgefäße, der Knochensubstanzen und anderer Bausteine unseres Körpers. Daraus gehen Krankheiten und Fehlreaktionen unseres Körpers hervor, die unter Umständen zu Unfällen, Schicksalsschlägen und weiterem führen können. Die Liebe zu Gott ist die rechte Liebe zu unserem Nächsten und zu unserem Körper.

Wenn wir uns täglich vornehmen, uns für das mächtige Einströmen der All-Weisheit und All-Liebe zu öffnen, so laden wir die Kräfte der Liebe ein. In dem Maße, wie wir uns für die Kraft der Gottes- und Nächstenliebe öffnen, zieht diese durch unseren Körper. Wir werden sehr bald merken, daß uns von Tag zu Tag leichter zumute wird, daß Leiden geringer werden, Beschwerden aufhören. Und so die Seele lichter wird, wirken die Selbstheilungskräfte im ganzen Leib.

Jeder Gedanke strebt nach Verwirklichung und manifestiert sich in unserem Körper

Aus diesen Übungen können Sie auch schließen, wie gegensätzliche Gedanken und gegensätzliches Verhalten zu wirken vermögen.

Positives Denken ist ein gottbewußtes Denken gemäß den Zehn Geboten Gottes und der Bergpredigt Jesu. Daraus ergibt sich die Aktivierung des Glaubens und ein dynamisches Leben im Glauben, das die Ausrichtung auf die große, mächtige Kraftquelle, GOTT, in uns ist.

Wer diese Übungen immer und immer wieder macht, wird bald erkennen, daß jeder Gedanke nach Verwirklichung strebt und sich allmählich in unserem Körper verkörpert, also manifestiert. Das heißt nicht, daß wir auf ärztliche Hilfe und Medikamente verzichten sollen. Hiermit ist aufgezeigt, daß einzig die seelische Heilung die Ganzheitsheilung bewirken kann, die Heilung der Seele und des Körpers.

Nehmen Sie zum Urchristlichen Heilen die Bewußtheit mit: Der Geist Gottes heilt.

Stärken Sie sich mit der Kraft der Bejahung »ich bin gesund«, mit der Kraft der Frische. Dann hebt sich Ihre Stimmung. Optimismus zieht in Ihren Körper ein und harmonisiert den Blutstrom und die Säfte. Die Ausgewogenheit, die Harmonie der Seele und des Leibes, trägt dazu bei, daß der Heilungsuchende ein Kanal für die Ganzheitsheilung wird, für den heilenden Strom, welcher der Geist Gottes ist.

*Durch unsere Eingaben sind wir
empfänglich für Einflüsse von negativen
Fremdenergien.
Setzen wir auf Gott, so vermag Er,
das Leben, in unserem Körper
die Ordnung herzustellen*

Täglich am Morgen sollten wir uns bewußt machen:

Jede negative Haltung schwächt. Sie lähmt zunehmend unsere Körperfunktionen und macht mit der Zeit krank. Positives, lichtvolles Denken ist krafterweckend und bewirkt Gesundbleiben oder Gesundwerden.

Was wir also in Gedanken, Worten und Werken säen, werden wir früher oder später im und am Leib ernten. Gemäß unseren Verhaltensweisen, die unsere Eingaben sind, also den Komponenten unseres Fühlens, Empfindens, Denkens, Sprechens und Handelns, gemäß unseren Leidenschaften und unseren leidenschaftlichen Wünschen, können wir aber auch von gleichen und ähnlichen Komplexen beeinflußt werden, wenn wir diese Wellenlänge ausstrahlen. Jeder von uns ist also mehr oder weniger empfänglich für fremde Gedanken- und Willenseinflüsse, ebenfalls für Glaubensimpulse, die auch auf die Seele einwirken können.

Wie oft hören wir: Jeder Mensch ist ein Individuum. Das ist richtig, da jeder von uns in seiner persönlichen Gefühls- und Gedankenwelt lebt, die ihn vielfach nach außen, vor allem in bezug auf seinen Nächsten, abgrenzt durch seine Verhaltensweisen wie z.B. Neid, Abwertung, Erwartungshaltung usw. Und doch sind wir, jeder einzelne, im Seelengrund eins mit dem anderen, da Gott, die große Liebe, die Einheit ist und wir in Ihm die Einheit bilden.

Jeder Mensch ist beim morgendlichen Erwachen in seinen Tag gestellt, der sein persönlicher Tag ist. Jeder Tag bringt jedem von uns einen Teil seiner gegensätzlichen Eingaben, die auf seinen Atem, auf sein Nervensystem und auf seinen Körper einwirken.

Jeden Tag sollten wir uns vor Augen halten: Der Einsatz von gegensätzlichem Fühlen und Denken - z.B. im Zusammenhang mit Haß, Neid, Feindschaft, Streit, leidenschaftlichen Wünschen bis hin zur übertriebenen Sexualität - ist kein zweckmäßiger Energieeinsatz. Letztlich bringen wir dadurch unser Körper-Energiepotential zum Absinken, woraus sich entsprechende Disharmonien und Dissonanzen im Körper ergeben. Sie führen immer zu Mißständen, zu Leiden und zu Krankheiten.

Das Absinken der Körperenergie führt allmählich zum Energiehunger unseres physischen Leibes. Er signalisiert unseren Mangel an Gottes- und Nächstenliebe. Die Zellen hungern nach der Gottesliebe. Durch unser Verhalten haben wir ihnen den Zustrom der Liebe entzogen und unseren physischen Leib in den Zustand der Energiearmut gebracht. Auf diese Weise schaffen wir auch die Voraussetzung für das Einwirken von Fremdgedanken, die unter Umständen das verstärken, was an Ursachen in unserem Körper wirksam ist.

Fremdgedanken können also in uns gleichartige Gedanken anregen, wodurch sich z.B. Angst, aber auch eine beginnende Krankheit oder das Einwirken von Viren und Bakterien verstärkt. Nach dem Prinzip »Gleiches zieht Gleiches an« wirkt Angst auf Angst ein und verstärkt diese, ebenso Schwäche auf Schwäche; Klagen bezüglich Krankseins verstärken die Krankheit. Unsere eigenen Ursachen, die auf Senden und Empfangen beruhen, können durch Fremdgedanken verstärkt werden, so daß wir infolge dieser telepathischen Beeinflussung Gedanken denken und Dinge tun, die wohl in unseren Eingaben liegen, die wir aber von negativen Fremdenergien auf telepathischem Weg verstärken lassen.

Oben ist gesagt: »Jeder von uns ist mehr oder weniger empfänglich für fremde Gedanken- und Willenseinflüsse, auch Glaubensimpulse ...«. Wie können wir der Einwirkung durch Fremdenergien entgegenwirken?

Bedenken wir: Das Licht Gottes ist stärker als die Finsternis. Das Gute wird immer über das Ungute, Allzumenschliche, siegen - es kommt nur auf uns an, ob wir ihm dazu die Möglichkeit geben, indem wir uns dem Licht, Gott in Christus, unserem Erlöser, dem einzig Guten, zuwenden.

Ähnlich, wie das gegensätzliche Verhalten die entsprechenden Wirkungen hervorruft, wirkt auch das Positive - jedoch um vieles stärker. Es leuchtet in der Seele und strahlt durch die Seele in den Leib.

Es steht sinngemäß geschrieben: Wer auf Christus einen ehrlichen Schritt, einen Herzensschritt, zugeht, dem kommt Er, Christus, mehrere Schritte entgegen. Ob Gedanke, Wort oder Handlung - alles, was wahrhaft positiv ist, ist gottbewußt; es entspricht in seinen Inhalten den Zehn Geboten Gottes und der Bergpredigt Jesu. Setzen wir auf Gott, im Vertrauen auf Ihn, und bejahen wir immer mehr das Gute, wie z.B. Gesundheit, Frieden, Einheit und Stärke, dann werden wir auch unsere Verhaltensweisen in Übereinstimmung mit dem Willen Gottes bringen.

Das Gute ist Gott, und Gott ist das Leben, das Kraftfeld, das in unserem Körper die Ordnung herzustellen vermag, so daß die Heilwellen, die Lebenskräfte, die Seele zu durchfluten und den Körper zu heilen vermögen.

Gute Gedanken verstärken
in unseren Mitmenschen Gleiches
und Ähnliches. Wir sind für jeden
unserer Gedanken, für seine Wirkung
und Auswirkung verantwortlich.
Urchristliche Glaubensheilung ist
die Übertragung liebevoller Gedanken

Wir können auch erheblich dazu beitragen, daß unsere kranken Mitmenschen die göttlichen Heilwellen erfahren. Das selbstlose Gebet, das Tatgebet, dessen Inhalt der Betende im Alltag selbst erfüllt, kann in dem, für den er betet, Linderung oder gar Heilung bewirken. Jeder selbstlose, liebevolle Gedanke, der von uns ausgeht, bewirkt in anderen Gleiches oder Ähnliches. Das sind wahrhaft segensreiche Kräfte, die Menschen gleicher Schwingung verbinden.

Hier möchte ich an das Heilgebet der Urchristen erinnern. Jeden Dienstagabend um

19.30 Uhr beten Urchristen für die Herzens-
anliegen ihrer Mitmenschen.

Immer mehr Gott zustrebende Menschen
schließen sich dem Heilgebet an. Wer sich in
den Gebetsstrom einschalten möchte und zugleich schrittweise erfüllt, was Jesus am Ende
Seiner Bergpredigt sagte: *Wer diese Meine
Lehre hört und tut sie, der gleicht einem klugen
Mann, der sein Haus auf Fels baute*, der empfängt die Heilkräfte des Christus Gottes und
kann seelisch und physisch gesunden.

Christen der Tat erfüllen auch die Worte
Jesu: *Wo zwei oder drei in Meinem Namen
versammelt sind, da Bin Ich mitten unter ihnen.*

Gott ist Liebe. Liebe verbindet. Liebe eint.
Liebe heilt. Liebe ist Gesundheit.

Gottes Liebe ist die allgegenwärtige Kraft,
ist das Gesetz der Himmel. Das Gesetz Gottes, der Liebe, ist in uns. Jesus verkündete
uns das Reich Gottes, das inwendig in uns
ist. Ein wahrlich liebevoller Gedanke, ein
Gedanke, der dem Reich des Inneren ent-
strömt, hilft, heilt, tröstet und löst jedes Problem. Urchristliche Glaubensheilung ist
letztlich nichts anderes als die Übertragung
liebevoller Gedanken, Gedanken, die in sich
den Geist Gottes tragen, Seinen Willen,
denn Christus ist der Innere Arzt und Heiler, der Helfer in uns. Urchristliche Glaubensheilung bedeutet, Glaubensimpulse zu

setzen, sich in Christus verbunden zu wissen in dem Bewußtsein: Christus ist die Mitte unseres Lebens. Er lindert, heilt, hilft und löst.

Immer wieder sollten wir uns bewußt werden, daß unser Denken, Fühlen, Empfinden und Wollen, aber auch unsere Worte und Handlungen ausschlaggebend sind. Entweder wenden wir uns damit Christus zu oder von Ihm ab. Sämtliche Verhaltensweisen jedes einzelnen Menschen gehen bildhaft in sein Ober- und Unterbewußtsein ein und durch immer wieder gleiches und ähnliches Denken in seine Organe, in alle Zellen und Zellverbände, in den Blutstrom, in Nerven und Knochen, in Drüsen und Hormone. Jedem Baustein unseres Leibes übertragen wir unsere Gedankenbilder. Wir können diese auch Gefühls-, Empfindungs- und Wortbilder nennen. In dem Maße, wie wir unsere Bild-Engramme unserem Körper übertragen, werden sie von unserer Seele und über diese von den Speichersystemen der Kosmen aufgenommen.

Die Bild-Engramme unserer Ängste übertragen wir also unserem Organismus. Auch Sorgen, Probleme und Leidenschaften, alles, was von uns ausgeht, geht wieder in uns, den Zellenmenschen, ein. Wir selbst schwächen unseren Organismus und bereiten ihn so für Schicksalsschläge, Unfälle oder eine Krankheit vor, je nachdem, mit welchen Bild-Engrammen wir unsere Zellen »belichten«, also verschatten.

Es kann nicht oft genug darauf hingewiesen werden, daß jeder göttlich-liebevolle Gedanke löst, heilt und hilft, daß aber auch jeder gegensätzliche Gedanke, mit dem wir Ängste, Sorgen, Verzagtheit, Mißmut, Kranksein und vieles mehr aufbauen, krank macht, die Sorgen vergrößert, zu Unglück, zu Depressionen, zu Versagen und vielem mehr führt, denn jeder Gedanke ist ein Energie-Impuls, entweder negativer oder positiver Art, der zur Verwirklichung drängt.

Was der Mensch denkt, das wird er.

Wir sind für jeden unserer Gedanken, für seine Wirkung und Auswirkung - auch in anderen - verantwortlich. Gedanken des Neides, des Hasses, der Eifersucht, Gedanken der Schuldzuweisung anderen gegenüber entsprechen nicht der göttlichen Ordnung, unserer wahren Natur; daher sind sie krankhafte Gedanken. Sie bewirken die entsprechende Atmosphäre für Krankheiten. Aus Gedanken des Zornes, des Hasses, des Neides kann aber auch der Keim zum Verbrechen entstehen.

Über Telepathie können wir sowohl positive als auch negative Gedanken, also Ge-

74

dankenbilder, übertragen, dann, wenn wir sie auf andere richten. Dies vollzieht sich auch, wenn wir es nicht beabsichtigen und wenn es uns gar nicht bewußt ist.

Wie schon erwähnt, können gute Gedanken, also göttlich-liebevolle Gedanken, die von uns ausgehen, unseren Mitmenschen hilfreich sein und sie zum positiven Denken anregen. Gedanken des Hasses, des Neides, der Feindschaft hingegen sind ebenfalls Gedankenbilder, die wir jenen Menschen übertragen können, die in sich Gleiches oder Ähnliches aktiv tragen. Wir können also in unseren Mitmenschen auch Gegensätzliches verstärken und sogar auslösen. Die Folge ist, daß wir dann an dem, was wir mitverursacht haben, auch mitbeteiligt sind. Gemäß dem Gesetz von Saat und Ernte sind wir nun an diese Menschen gebunden.

Der urchristliche Glaubensheiler möchte mit dem Heilungsuchenden eine innere Gemeinschaft in Christus bilden

Urchristliche Glaubensheilung setzt also voraus, daß der Heilungsuchende mitmacht, indem er das befolgt, was Jesus den damaligen Heilungsuchenden sagte: *Dein Glaube hat dir geholfen; gehe hin, und sündige fortan nicht mehr.*

Jeder leidende oder kranke Mensch ist aufgerufen, mitzumachen, damit die Ganzheitsheilung erfolgen kann. Auch Jesus, der Christus, forderte zum Mitwirken beim Heilwerden auf. Zu den Heilungsuchenden sagte Er sinngemäß: Meinst du, daß Ich das ohne dein Zutun vermag? Oder: Dein Glaube hat dir geholfen; gehe hin, und sündige fortan nicht mehr. - Zu einer Ganzheitsheilung bedarf es also des Aktivwerdens des Heilungsuchenden.

Wenn Jesus zu den Heilungsuchenden sagte: *Deine Sünden sind dir vergeben,* so wollte Er ihnen offenbaren, daß durch die Bereinigung der erkannten Sünden und durch das Nicht-mehr-Tun der Sünde der Körper in den Zustand des Heilwerdens oder des Heilseins kommt.

Wer in diesem Sinne die Ganzheitsheilung erbittet und einen urchristlichen Glaubensheiler aufsucht, der sollte wissen, daß der urchristliche Glaubensheiler mit dem Heilungsuchenden eine innere Gemeinschaft in Christus bilden möchte, denn wo zwei oder drei im Namen des Christus Gottes vereint sind und die heilenden Kräfte erbitten, stärken sie gemeinsam das heilende, göttliche Kraftfeld im Heilungsuchenden. Zwei sind also im Namen des Jesus, des

Christus, vereint. Und wo zwei in Seinem Namen verbunden, also eins sind, wirkt der Geist Gottes.

Die Aussage vom Balken und dem Splitter. An einer Wirkung trägt jeder Beteiligte eine Mitschuld. Jesus lehrte, uns gegenseitig zu vergeben, auf daß Er in uns zu wirken vermag

Eine weitere Gesetzmäßigkeit, die uns Jesus, der Christus, lehrte, gilt für alle Menschen - natürlich auch und in besonderer Weise bei der Ganzheitsheilung. Jesus lehrte uns: *Warum siehst du den Splitter im Auge deines Bruders, aber den Balken in deinem Auge bemerkst du nicht? Wie kannst du zu deinem Bruder sagen: Laß mich den Splitter aus deinem Auge herausziehen! - und dabei steckt in deinem Auge ein Balken? Zieh zuerst den Balken aus deinem Auge, dann kannst du versuchen, den Splitter aus dem Auge deines Bruders herauszuziehen.*

Christus kann uns also nur helfen und uns Seine heilende Kraft zuströmen lassen, wenn wir dem anderen nicht die Schuld an unserem Schicksal geben. Es nützt wenig,

Christus zu bitten, uns zu heilen, wenn wir unsere Mitmenschen nicht um Vergebung bitten und all denen vergeben, die sich an uns versündigt haben.

Die Gerechtigkeit Gottes ist nicht einseitig. In der Aussage vom Balken und dem Splitter erkennen wir, daß nicht nur einer der Schuldige ist, sondern daß an einer Wirkung jeder Beteiligte einen Teil Mitschuld trägt. Jesus lehrte uns, uns gegenseitig zu vergeben, um eins zu werden mit Ihm, auf daß Er in uns zu wirken vermag.

Eins zu werden mit Christus heißt auch, eins zu sein mit unserem Nächsten. Das ist keine Vorstellung des Glaubens oder gar eine Kulthandlung, sondern eine Kraftquelle. Daraus leitet sich auch die Heilung durch Glauben ab.

Urchristliche Glaubensheilung bedeutet, schrittweise den Willen Gottes zu tun. Urchristliche Glaubensheilung beruht also nicht auf Wunschgedanken, die in sich den Zweifel tragen. Urchristliche Glaubensheilung ist die Bejahung und Erfüllung göttlicher Gesetzmäßigkeiten, das Wahrmachen dessen, was uns Jesus sinngemäß sagte: Dein Glaube hat dir geholfen; gehe hin, und sei bereit und willens, fortan nicht mehr zu sündigen.

Gesundheit ist gottgewollt.
Krankheit ist die Unterbrechung
der Verbindung mit dem göttlichen
Kraftfeld in der Seele und
in jeder Zelle des Menschen

Jeder von uns ist Träger der göttlichen Kraftquelle der Gesundheit und des Glücklichseins. Die Liebe Gottes trägt alle Menschen und Seelen im Herzen, dem großen, ewigen Ozean der Liebe, aus dem das Glück, die Gesundheit, die Harmonie und der Friede uns zuströmen. Wir haben uns von Gott, der Liebe, abgewendet, haben unsere Seele verdunkelt, so daß unser Körper nach dem Strom der Liebe, dem Wasser des Lebens, dürstet. Bewegen wir uns längere Zeit, vielleicht sogar über Inkarnationen am trockenen Ufer, trinken also selten aus dem Ur-Quell ewigen Seins, aus unserem Ursprung, der Liebe, Güte und Barmherzigkeit, dann sind wir gleichsam ausgetrocknet. Der Körper leidet und erkrankt.

Gott ist immer gebend, gleich unserer Sonne, die immer scheint. Wenden wir uns Gott zu, ähnlich, wie sich ein Erdteil der Sonne zuwendet, dann empfangen wir das heilende Licht, die liebende Kraft, die wärmt und glücklich macht. Wenden wir uns von der inneren Sonne ab, dann führen wir ein bedrückendes und lähmendes Schattendasein.

Gesundheit ist gottgewollt. Krankheit ist das Ergebnis falschen Denkens und falschen Verhaltens.

Krankheit ist also die Unterbrechung der Verbindung mit dem göttlichen Kraftfeld, das in der Seele und in jeder Zelle des Menschen ist. Die Erdentage sind uns gegeben, damit wir die von uns geschwächte oder gar unterbrochene Verbindung zum göttlichen Kraftfeld wiederherstellen, was besagt, daß wir die Tage und die Stunden nützen sollen, um unsere Fehlhaltungen zu erkennen und mit dem inneren Feuer, mit der Liebe zu Christus, zu bereuen, zu bereinigen und nicht mehr zu tun. Dann wirkt der Geist, Gott, weil die göttlichen Ströme, das Licht, durch unsere Seele in unseren Körper zu fließen vermögen.

Je öfter wir uns für das Einströmen der großen Liebe, der Kraft Gottes, öffnen, desto spürbarer werden Schwäche, Leid und Krankheit abnehmen.

Urchristliche Glaubensheilung ist also der Weg zur Ganzheitsheilung.

*Wir selbst sind an unserem Leiden
schuld. Das Gesetz Gottes beinhaltet
nichts Übles. Schaffen wir Ordnung
in unserem »Tempel«, erhellt sich die
Seele, der Leib wird lichter,
unser Wesen sonniger*

Gott fordert von uns nichts. In den Zehn Geboten bittet Gott uns mit den Worten »du sollst«, wir sollen unser Herz für Ihn öffnen und bereit sein, die Fülle, die das Leben, Gott, ist, zu empfangen.

Die Wiederholungen in dieser Schrift sollen uns immer wieder in Erinnerung bringen, daß nicht unsere Mitmenschen an unserem Leid und an unseren Leiden schuld sind, sondern wir selbst die Schuldigen sind, denn wir haben durch unser falsches Denken und Handeln Unordnung in unseren Körper gebracht und somit den Zustrom des Heils abgeschnürt. Noch einmal sei gesagt: Krankheit, Not, Schicksal und dergleichen kommen nicht von Gott und auch nicht von »anderen«, sondern sie kommen aus uns selbst, weil wir selbst das, was dazu führte, eingegeben haben. Wir haben uns vom Ozean des Lebens entfernt und uns auf trockenes Land begeben.

In den Unterweisungen durch den Gottesgeist und auch in der Lehre und in den bilderreichen Worten Jesu werden wir immer wieder auf uns selbst verwiesen. Z.B. in der Aussage: *Du bist der Tempel Gottes, und Gott wohnt in dir.*

Verwüsten wir unsere Kirche, unseren Tempel, dann erleben wir die Unordnung im Tempel. Für uns, für jeden einzelnen, bedeutet das, daß wir es sind, die die Unordnung geschaffen haben, und wir es auch sind, die die Ordnung wieder herstellen sollen durch die Erfüllung der Gesetzmäßigkeiten, die Gott uns durch Mose gab, der Zehn Gebote, und Jesus, der Christus, in Seiner Bergpredigt. Jeder von uns ist gerufen, im eigenen Haus, in seiner Kirche, dem Tempel, selbst Ordnung zu machen, denn wir selbst haben unser Haus verwüstet.

Das Gesetz Gottes beinhaltet keinerlei Krankheit. Gott hat in Seinem Gesetz der Liebe weder Viren und ansteckende Krankheiten noch Böses oder Übles. Gott ist nicht böse - Gott ist gut. Das Böse kommt von uns; es ist letztlich das Boshafte, das Gegensätzliche, das gegen unsere Mitmenschen Gerichtete, das sich wiederum gegen uns richtet. Das Gegensätzliche wird auch als Sünde bezeichnet. Somit kann gesagt werden: Krankheit ist Sünde, ist Trennung von Gott. Aufhebung der Sünde bedeutet, sich Gott, dem Guten, dem ewigen Ozean, zuzuwenden, im Tempel Ordnung zu schaffen, so daß das Wasser des Heils zu fließen vermag.

Weichen die Sünden, dann erhellt sich unsere Seele; unser Leib wird lichter und unser Wesen sonniger.

Jesus lehrte uns auch das Gleichnis vom Senfkorn: Wäre unser Glaube so groß wie ein Senfkorn, dann könnten wir Berge versetzen. Welcher Glaube ist gemeint? Die geistige Kraft, der nichts unmöglich ist, kommt nur durch das Tun dessen zum Fließen, was Jesus uns lehrte. Es bedarf also des lebendigen Glaubens in der Gottes- und Nächstenliebe. Im lebendigen Glauben zu sein heißt: das, was uns täglich an uns selbst an Sündhaftem, an Ungutem, bewußt wird, zu bereuen und zu bereinigen und nicht mehr zu tun. Dann werden die Berge, die sich vor dem Licht Gottes auftürmen, mit Seiner Kraft überwunden.

*Das Wort »unheilbar« grenzt
die Hoffnung aus. Angst und
Hoffnungslosigkeit vermindern die
seelischen und körperlichen Energien;
Hoffnung und Zuversicht bewirken
die Erweckung der Lebenskraft*

Wer durch lebendigen Glauben, den Tat-
glauben, zum Leben im Geiste Gottes ge-
funden hat, der wird das Wort »unheilbar«
nicht mehr verwenden, da er weiß, daß
durch den lebendigen Glauben und das daraus erwachsende Vertrauen an Christus, die
Heilquelle in ihm, ER, Christus, alles vermag.

Wenn so mancher Spezialist mit seiner
Heilkunst am Ende ist, wird vielfach das
Wort »unheilbar« verwendet. Doch in Gott
gibt es nichts Unheilbares, denn Gott ist immer gebend, immer helfend und heilend.
Gott, das Leben, gedenkt aber als erstes der
Seele, des unsterblichen Leibes, und dann
der sterblichen Hülle, des Menschen. Wer
kann wissen, und wer will sagen, daß bei
dieser oder jener Krankheit keine Hoffnung
mehr besteht? Kann die Kraft des Geistes
aktiv werden, weil wir unser Leben Gott
hingeben und auf Gott bauen, dann muß
uns aber auch bewußt sein, daß Gott, das
Licht, zuerst der Seele gedenkt. Ist die Ge-

sundheit des Körpers das Wohl für die Seele, dann kann der Leib gesunden.

Wer das Wort »unheilbar« näher betrach-
tet, also nachempfindet, was es in Wirklich-
keit ausdrückt, der spürt unweigerlich, daß
dieses Wort die Hoffnung ausgrenzt. Wird
die Hoffnung eliminiert, so kann nichts ge-
deihen. Wer sich an das Wort »unheilbar«
bindet, in dem schwinden Hoffnung, Glauben und Vertrauen; er wendet sich gedanklich immer mehr seinem Krankheitsbild und
der Hoffnungslosigkeit zu, wodurch er die
Angst vermehrt und damit die Möglichkeit
schafft, daß sich die Krankheit immer mehr
auszubreiten vermag. Mit diesen und ähnlichen Verhaltensweisen hat so mancher seinen frühzeitigen Tod herbeigedacht.

Durch Angst und Hoffnungslosigkeit ver-
mindert der Mensch seine seelischen und
körperlichen Energien. Hoffnung und Zuversicht hingegen bewirken die Erweckung der
Lebenskraft.

Kein Mensch ist seiner Krankheit oder
weiteren Unbilden unausweichlich ausgelie-
fert. Keiner von uns ist ein »hoffnungsloser
Fall«, der von Mächten bestimmt wird, die
wir nicht abschütteln könnten. Wir selbst bestimmen unser Leben, ob wir unseren Körper in Ordnung halten durch positives, gott-
gewolltes Denken und gesund bleiben - oder

ob wir unseren Körper in Unordnung bringen und dadurch leiden. Krankheit ist also immer das Symptom innerer Disharmonie. Gesundheit ist Folge der Harmonie - der Harmonie in uns selbst und der Harmonie und des Friedens mit unseren Nächsten und vor allem mit dem Ewigen, der in uns wohnt.

Ich wiederhole: Wir haben die Angewohnheit, Gott oder unsere Mitmenschen anzuklagen, wenn wir leiden oder krank sind. Letztlich müßten wir uns selbst anklagen. Wir selbst haben das Übel, an dem wir leiden, heraufbeschworen. Wer im rechten Tatglauben an die höchste Macht lebt, der schöpft aus der ewig-unendlichen Quelle Hoffnung und Kraft. Daraus entwickelt sich die Sensibilität für gut und ungut, die klare Erkenntnis, ob unser Verhalten positiv oder gegensätzlich ist. Dann kann der Mensch entsprechend die Weichen stellen, und aus dem Quell ewig positiver Kraft strömen ihm Gesundheit, Gottvertrauen und Stärke zu.

Ein Mensch, der aus dem Born des Lebens schöpft, aus der nie versiegenden Quelle, Gott, der ist weitgehend immun gegenüber Ängsten, Schicksalen und den verschiedenen widrigen Umständen und Dingen, die in unserer Welt als gegeben hingenommen werden.

Medikamente, medizinische Therapien
und ausgewogene Ernährung allein
sind nicht alles. Die Einstellung
zum Leben muß ausgewogen sein

Viele stellen immer wieder die Frage: Wenn der Geist Gottes unmittelbar zu heilen vermag, soll man dann überhaupt noch Medikamente einnehmen und Therapien anwenden? Wir müssen immer vom aktiven, dem lebendigen Glauben ausgehen, denn Jesus sagte: Dein Glaube hat dir geholfen. - Nicht: Laß die Medikamente und Therapien beiseite, und glaube.

Es sei wiederholt: Der rechte Glaube an Gott ist immer der Tatglaube, die tägliche schrittweise Erfüllung der Gebote Gottes und der Bergpredigt Jesu. Der passive Glaube, dem keine rechtmäßigen, also göttlichen Taten, folgen, ist gleichsam der tote Glaube. Er erweckt uns nicht zum Leben, denn Leben ist Aktion, auch das Leben im Geiste Gottes.

Jede gegensätzliche Haltung steht dem aktiven Glauben an Gott entgegen. Sie entzieht dem Körper fortwährend Lebenskraft. Negative Gedanken also, die mitunter auch unser Umfeld prägen und auf uns Einfluß nehmen, sind Störfaktoren, die unsere Zellverbände nicht einladen, positive Lebenskräfte zu entwickeln. Auch unser Immunsystem ist vielfach infolge unserer Fehlhaltungen geschwächt. Auch dadurch reduziert sich die Lebenskraft; die Organe werden in ihrer Leistungsfähigkeit gehemmt, und die Selbstheilungskräfte werden weitgehend inaktiv.

Immer dann, wenn wir uns z.B. ängstigen, sollte uns bewußt werden, daß die Angst jede gesunde Tätigkeit im Körper zum Erlahmen bringen kann. Alle Süchte wie Gewinnsucht, Eifersucht, Geiz oder auch Begierden wirken schwächend auf den Körper ein.

Weil wir jahre-, jahrzehntelang falsch gedacht und somit auch entsprechend gelebt haben, sind wir auf die mittelbare Heilung des Körpers durch Medikamente und Therapien angewiesen. Wichtig ist jedoch, wie wir zu den Medikamenten und den Therapien stehen. Vielfach verhalten wir uns den äußeren Heilmitteln gegenüber so, wie wir denken. Stehen wir im lebendigen, aktiven Glauben, was in uns den Zustrom von Hoffnung und Zuversicht bewirkt, und schließen wir die Medikamente und Therapien mit ein, die dadurch - da alles auf Schwingung beruht - schwingungsmäßig angehoben werden, so kann eine mittelbare Heilung erfolgen. Die Heilung durch den Geist Gottes ist jedoch die unmittelbare Heilung, die Ganzheitsheilung, die Reinigung der Seele und des Leibes. Das ist Ganzheitsheilung, die aus dem aktiven Glauben, dem Vertrauen und der Hoffnung erwächst.

Viele Menschen, auch gottgläubige, legen großen Wert auf die Ernährung. Es ist wichtig, daß wir unserem Körper die nötigen Vitamine, Spurenelemente und all das, was für ihn gut und heilsam ist, zuführen. Ernährung allein ist jedoch nicht alles. Wir können uns noch so gut ernähren, und doch erkranken wir. Warum? Weil die Einstellung zum Leben, letztlich auch zu unserem Körper, nicht ausgewogen ist.

Das Leben ist Gott, und Gott ist positiv, ist Liebe, Harmonie, Friede und inneres Glück, also Ausgewogenheit. Verneinen wir die Gesundheit durch den Glauben an das Unausweichliche der Krankheit oder durch Angst vor der Krankheit, dann sagen wir auch nein zur Quelle aller Kraft, zu Gott. Wie kann dann Gott wirksam werden, wenn wir Ihn, der das Gute ist, die Gesundheit, die Lebensfreude und das Glück, verneinen?

*Durch Selbstbeobachtung und das
Hinterfragen unseres Denkens und
Verhaltens gewinnen wir Einblick in
unsere wahren Absichten und Motive, in
das, was an Verschattungen
in unserer Seele und in unserem
Unterbewußtsein liegt*

So mancher legt sehr großen Wert auf
sein körperliches Befinden. Geht es uns soweit gut, dann glauben wir, daß körperlich
alles in Ordnung sei. Selten fragen wir uns,
ob auch seelisch alles in Ordnung ist.

In unsere Seele und vor allem in unser
Unterbewußtsein können wir nur dann Einblick gewinnen, wenn wir unser Denken
und Verhalten hinterfragen, indem wir uns
beobachten, um zu ergründen, was hinter
unseren Verhaltensweisen steckt.

Unser tägliches Erleben bietet dazu viel-
fältige Gelgenheit: Z.B. dann, wenn wir
schöne und gehaltvolle Reden führen, um auf
den anderen überzeugend einzuwirken. Setzen wir also mit geschliffenen Redewendun-
gen unsere ganze Überzeugungskraft ein, so
sollten wir uns fragen: Was wollen oder was
erwarten wir von unserem Mitmenschen? Das
»was« ist entscheidend. Wer sich selbst beobachtet und sich bewußt macht, was er damit bezwecken möchte, wird vielfach erken-

nen, daß er ausschließlich sein eigenes Wohlergehen im Auge hat, auch dann, wenn er
sich glauben machen will, daß er für das
Wohl anderer sei. Vielfach ist »der andere«,
den er vorschiebt, er selbst.

Das, was hinter unseren Verhaltensweisen steht, geht in unser Unterbewußtsein, in
unsere Körperzellen, in alle Funktionen unseres Leibes ein, in unsere Seele und schließlich auch in die entsprechenden Planetenkonstellationen. Somit ist der Inhalt unserer
Verhaltensweisen, also das, was an Allzu-
menschlichem dahintersteht, mehrfach gespeichert.

Machen wir uns die Mühe, uns selbst zu
beobachten und unsere Verhaltensweisen zu
hinterfragen, dann wird uns manches bewußt werden, und wir können unter Umständen an so manchem persönlichen Verhalten ablesen, was uns irgendwann wieder
begegnen wird, entweder als Schicksalsschlag, als Leid, als Not, Krankheit oder Ein-
samkeit; wir erfahren »am eigenen Leibe«,
was wir anderen durch unsere »Hinterhäl-
tigkeit« zugefügt haben.

Unser körperliches Wohlbefinden kann
also trügerisch sein, denn wer weiß, wann
das ausbricht, was wir verursacht haben -
w i r selbst durch unser egoistisches Verhalten. Fragen wir uns also immer wieder,
was hinter unseren angeblich positiven Wor-

ten oder Gedanken steht, hinter einer großzügigen Hilfe oder Gabe. Um ein seelisch-körperliches, also ein ganzheitliches, in der Seele begründetes Wohlbefinden zu erlangen, müssen wir unsere geistige Haltung überprüfen. Eine wahrhaft positive geistige Haltung entspricht den Lehren Jesu, Seiner Bergpredigt, und den Zehn Geboten Gottes.

»Du sollst Gott lieben
von ganzer Seele, mit all deinen Kräften
und deinen Nächsten wie dich selbst.«
Die Lehrsätze Jesu zeigen uns den
Schritt in das wahre Leben auf

Jeden Tag sollten wir uns bewußt machen, daß unsere Gedanken und unsere verschiedenen Gemütszustände und Gefühle mit der Zeit auf unseren Organismus einwirken und im Organismus das herbeiführen, was wir in unsere Gedanken gelegt haben, woraus sich auch unsere Gemütszustände und Gefühle ergeben hatten.

Ein massiver Zornesausbruch kann z.B. die Körpersäfte in totale Unausgewogenheit bringen, sie sauer und somit giftig machen, so daß sie entsprechend auf unseren Körper einwirken.

Was uns trifft, hat eventuell im Äußeren einen Auslöser - doch der Verursacher ist niemand anderer als wir selbst. Was wir in unsere Zellen, Zellsysteme, Organe, in alle Abläufe und Körperfunktionen und in unsere Seele eingegeben haben, war eine Aktion in Gefühlen, Empfindungen und Gedanken, die unweigerlich die entsprechende Reaktion hervorruft.

Schießen wir z.B. mit Gedanken auf einen Nächsten, so werden wir den Beschuß am eigenen Leibe zu spüren bekommen, sofern wir nicht vorher unsere Belastung erkennen und sie durch Bereinigung auflösen. Daher können wir sagen: Einerlei, was uns trifft: wir selbst haben uns - gleichsam zielbewußt - getroffen. Von uns geht unsere Krankheit aus, von uns geht unsere Gesundheit aus.

Jeder Mensch ist von Gott geliebt, ohne Unterschied, denn er ist Sein Kind, Sein Sohn oder Seine Tochter. Jeder von uns ist Träger des ganzen göttlichen Erbes, das alle göttlichen Kräfte der Unendlichkeit in sich vereint. Es ist das wahre, ewige Leben. Wir, die Erben des Reiches Gottes, entscheiden uns entweder für das Reich Gottes - dann streben wir täglich nach der Erfüllung der Gesetze des Reiches Gottes -, oder wir entscheiden uns gegen das Reich Gottes, indem wir uns gegen unser göttliches Erbe, gegen die Gesetze Gottes, verhalten. Daraus entwickeln sich unsere sündhaften Komponenten, unter denen wir dann leiden.

Das Reich Gottes steht immer offen für jeden von uns. Es kommt nur darauf an, ob wir in dieses eingehen wollen. Sind wir bereit, unser Herz für die Kraft unseres wahren Seins, für die Kraft des Heils und des Heilwerdens, zu öffnen, dann sollten wir uns an die Lehrsätze Jesu halten, die den Schritt in das wahre Leben aufzeigen und die letztlich alle im Hauptgebot Gottes verankert sind: *Du sollst den Herrn, deinen Gott, lieben von ganzem Herzen, mit ganzer Seele und mit all deinen Kräften. Das ist das wichtigste und erste Gebot. Ebenso wichtig ist das zweite: Du sollst deinen Nächsten lieben wie dich selbst.*

Den Nächsten wie uns selbst zu lieben heißt, ihm nichts Ungutes zu wünschen; an ihn keine Erwartungen zu stellen; von ihm nichts zu verlangen, was wir selbst tun könnten; ihn nicht abzuwerten; ihm nichts zu neiden; ihn nicht zu hassen; ihm nicht feindselig gegenüberzustehen; ihn nicht auszubeuten; ihm nicht kriegerisch zu begegnen und kein falsches Zeugnis wider ihn zu geben. Wollen wir Gott näherkommen, so sollten wir die Tage, die unser irdisches Leben sind und unser Dasein prägen, nützen, um täglich einen Teil unserer Fehlhaltungen, unserer Eingaben in unsere Seele, zu erkennen, sie von Herzen zu bereuen, den Nächsten um Vergebung zu bitten, denen zu vergeben, die sich an uns versündigt haben, und wiedergutmachen, was noch möglich ist.

Alles ist Gesetz. Das ganze Weltall läuft in gesetzmäßigen Bahnen. Jeder Mensch gehört zum Weltall und ist sein Gesetz. Infolgedessen gibt es keinen Zufall, auch nicht hinsichtlich dessen, mit wem oder mit was wir es in diesem Erdenleben zu tun haben.

Je mehr wir uns mit den großen und mächtigen Gesetzen des Lebens verbinden und mit ihnen in Übereinstimmung kommen, um so weniger wird uns unser Körper zu schaffen machen.

Um das Licht des Heils in der Seele und das Heilwerden im Körper zu erlangen, ist uns geboten, die von uns erkannten Fehlhaltungen, gleich Sünden, nicht mehr zu tun, nach dem Gebot Jesu: *Deine Sünden sind dir vergeben; gehe hin, und sündige fortan nicht mehr.* Nur auf diese Weise nähern wir uns der unendlichen Kraft, erfahren mehr und mehr deren Einströmen in unser Gott zugewandtes Herz und erlangen das Licht in unserer Seele und die Heilstrahlung in unserem Leibe. Das ist der Weg, auf dem alle Zellbausteine und Funktionen des Körpers die Heilströme empfangen können, welche die Selbstheilungskräfte des Leibes in verstärkte Aktion bringen, um so die Ganzheitsheilung herbeizuführen, die Reinigung der Seele und die Heilung des Leibes.

Wer sich dieses wahrhaft christliche Verhalten aneignet, der erlangt das Vertrauen in den Geist Gottes. Daraus entwickelt sich das positive Leben. Ein Mensch, der auf Gott baut, wird auch immer weniger über Krankheiten nachgrübeln, sondern sich in seinem Denken und Reden Gott anvertrauen. Seine Zellen und Zellverbände sowie alle Körperfunktionen werden es ihm danken.

Hier sei wiederholt: Jeder von uns bestimmt selbst, inwieweit er sich für die Ganzheitsheilung öffnet. Es sollte uns stets ein Anliegen sein, uns täglich zu hinterfragen, was hinter unseren Gefühlen, Gedanken, Worten und Handlungen steht, auch hinter unserem Wünschen und Wollen, hinter unseren Leidenschaften und Trieben. Wir können es auch folgendermaßen ausdrücken: Was wir nicht sagen, aber doch in unsere Gedanken und Worte hineinlegen, das ist es, was wieder auf uns zurückkommt, denn das sind wir, und nicht das, was wir - eventuell aufgrund anerzogener Verhaltensweisen - vorgeben.

Die Inhalte unserer Gedanken und Worte können uns zum Verhängnis werden. Unser Körper reagiert nicht auf schöngefärbte Gedanken und Worte, sondern auf deren Inhalte

Vielen Menschen ist es nicht bewußt, daß die Inhalte unserer Gedanken und Worte - also das, was hinter bzw. in dem steckt, was wir denken und reden - uns zum Verhängnis werden können. Es steht geschrieben: *Über jedes unnütze Wort, das die Menschen reden, werden sie am Tage des Gerichts Rechenschaft ablegen müssen.* Dazu gehören letztlich auch unsere Gedanken.

An dieser Stelle sei einmal auf die vielen Floskeln hingewiesen, die uns in der Regel durch den Tag begleiten. Wir haben z.B. die Gewohnheit, unsere Mitmenschen nach ihrem Befinden zu fragen. Der eine antwortet, indem er klagt, daß er krank sei, der andere dankt und tut kund, er sei guter Gesundheit. Fragen wir uns, ob unsere Frage nach dem Befinden nicht nur eine Floskel ist oder der Ausdruck echter Teilnahme, oder sagen wir das nur, um ein Gespräch zu beginnen, weil wir eventuell etwas Bestimmtes hören oder haben wollen? Ist es sinnvoll, unsere Mitmenschen nach ihrem Befinden zu befragen, wenn uns bewußt wird, daß jede Antwort Energie ist und nicht verlorengeht?

Echte Teilnahme formuliert sich vielfach positiv, wie z.B. sinngemäß: »Ich freue mich, daß ich dir begegne.« Oder: »Ich freue mich über dein munteres, aufbauendes Verhalten.« Oder: »Ich freue mich über deinen ausdrucksvollen Lebenswillen und über deine sprühende Frische.«

Wer auf die unterschiedlichen Fragen bezüglich des Wohlbefindens Antwort gibt, könnte sich auch hinterfragen, ob es richtig ist, immer wieder von Unpäßlichkeit, Krankheit, von Schwierigkeiten persönlicher, familiärer oder betrieblicher Art zu sprechen, wenn doch alles, sowohl das Positive als auch das Gegensätzliche, von unseren Körperzellen registriert wird und darüber hinaus von unserer Seele und den entsprechenden Speicherplaneten.

Mit jeder Gegensätzlichkeit, gleich, welcher Art, laufen wir Gefahr, ein Schicksal oder eine Krankheit heraufzubeschwören, denn wenn die Speicherfähigkeit eines Zellverbandes ausgeschöpft ist, dann kann von heute auf morgen das erfolgen, was wir gesät haben. Die Ursachen, die wir säen, erkennen wir nur dann, wenn wir uns beobachten. Die Wirkungen verspüren wir am eigenen Leib oder in unserer unmittelbaren Umgebung.

Sprechen wir von unserer Gesundheit und unserem Wohlergehen, dann sollten wir dennoch nicht vergessen, uns zu fragen, ob unsere Worte oder Gedanken inhaltsmäßig in Ordnung sind und ob unsere Seele ebenfalls von Gegensätzlichem frei ist. Nur wir selbst wissen, wie es um uns steht. So mancher meint, in und um ihn wäre eitel Sonnenschein, und merkt gar nicht, daß schon Gewitterwolken über seiner sogenannten Gesundheit hängen, die sich nur noch nicht entladen haben.

Wollen wir über uns selbst Bescheid wissen, dann müssen wir also ein guter Selbstbeobachter werden, der sich immer wieder hinterfragt, ob das, was er denkt oder sagt, auch wirklich so gemeint ist oder ob etwas ganz anderes dahintersteckt, eventuell massives Eigenwohldenken, Aggressionen, gleich aggressiver Eigenwille, Neid, Haß und vieles mehr, das sich nur in schöne Worte kleidet oder sich hilfreich anbietet, um Entsprechendes zu erreichen.

Jesus, der Christus, gab uns viele Lebenshilfen, die wir anwenden können, um unser Leben glücklich zu gestalten und gesund zu bleiben. Er gab uns unter anderem folgende göttlich gesetzmäßige Hilfe: *Was du willst, daß dir andere tun, das tue du ihnen zuerst.*

Werden wir uns dieser Aussage bewußt, dann sollten wir von unseren Mitmenschen nichts erwarten, das wir selbst erfüllen könnten; werden wir von einem Mitmenschen angegriffen, dann sollten wir nicht mit gleicher Münze zurückzahlen, sondern ihm im Herzen Freund bleiben und zu ihm gut sein.

Die Lebenshilfen Jesu aus Seiner Bergpredigt, die wir auch als guten Rat betrachten können, sind hilfreich als Anhaltspunkte, wenn es darum geht, zu erkennen, ob wir wahrhaft christlich fühlen, empfinden, denken reden und handeln. Unsere Verhaltensweisen zeigen uns auf, ob wir Christen sind, ob unser Verhalten also der Glaubenslehre des Jesus, des Christus, entspricht.

In Büchern über positive Lebensweise heißt es mitunter, daß man z.B. ein schwaches Organ nicht bedauern soll, indem man es als krank bezeichnet; wir sollten über unsere Krankheit nicht klagen, sondern den gesamten Organismus beständig loben, das schwache Organ zur Aktivität ermutigen und ihm Lebenskraft zudenken. Das ist grundsätzlich richtig, denn jede Zelle, alle Bausteine unseres Leibes empfangen vom Oberbewußtsein Informationen. Wir sollten uns jedoch fragen: Was wirkt stärker? Die eventuell gewollt positiven Worte der Bejahung, daß unser Organ, unser gesamter Organismus gesund ist, daß wir ihm tagtäglich viel Lebenskraft zudenken, oder das, was eventuell dahintersteht, die Angst, ob wir wohl gesund werden oder gesund bleiben?

Der gesamte Körper besteht in seiner Struktur und in seinem Aufbau aus dem Oberbewußtsein, dem Unterbewußtsein und dem Geistbewußtsein. Die Zellsysteme und die Funktionen unseres Körpers lassen sich nicht täuschen. Sie reagieren nicht auf schön-gefärbte Gedanken und Worte, sondern sie sortieren auf das genaueste und reagieren auf das, was hinter - also in - unseren Verhaltensweisen abläuft.

Das tägliche Überwinden unseres Sündhaften aktiviert und mobilisiert die Selbstheilungskräfte.
Es kommt darauf an, welche Art von Informationen wir unserem Organismus zusenden

Jeder Tag ist für jeden einzelnen s e i n Tag. Er erlebt seinen individuellen, spezifischen Tag und nicht den Tag eines anderen. Jesus, der Christus, hat uns geboten, unser Sündhaftes, das sich jeden Tag in unseren Erregungen, in unserer Feindseligkeit, im Haß oder in unwahrhaftigen Verhaltensweisen zeigt, mit Seiner Hilfe zu ergründen, also die Wurzel zu finden, um sie aus dem Acker der Seele zu entfernen und lebensbejahende, gotterfüllte Gedanken einzusäen, die wir dann auch tagtäglich mit der beseelenden, glaubensstarken Kraft begießen, indem wir die erkannten Fehlhaltungen nicht mehr tun.

Überwinden wir so unser Sündhaftes, das, was gleichsam auf den geschwächten Organen liegt und ihnen den Atem nimmt, dann werden die positiven Kräfte, die Lebenskräfte, zum Weckruf, der uns zum einen ermahnt, wenn wir wieder gleiche oder ähnliche Fehler machen wollen, und der zum anderen immer mehr die Selbstheilungskräfte aktiviert und mobilisiert, die bestrebt sind, kranke und schwache Organe zu stärken und Störungen des Körpers zu beseitigen.

Wir wissen, daß alles, was lebt, schwingt und somit gemäß seiner Frequenz, seiner Schwingungszahl, Signale aussendet. Auch unser physischer Leib sendet gemäß unseren persönlichen Eingaben Signale. Jedes Signal unseres Körpers ist eine Botschaft an uns.

Sämtliche Funktionen und Bausteine unseres Leibes teilen uns im Oberbewußtsein über Gefühle oder Empfindungen, über Unwohlsein oder Schmerz mit, wie es ihnen ergeht, was sie benötigen, um zu gesunden oder lebensstark zu bleiben. Auf demselben Weg senden wir über unser Oberbewußtsein den Körperzellen und sämtlichen Körperfunktionen Informationen zu. Das bedeutet, daß wir mit unserem Organismus in beständiger Kommunikation stehen. Es kommt allerdings darauf an, welche Art von Informationen wir unserem Körper zusenden. Sind es lebensbejahende Gedanken und Worte, die inhaltlich glaubensstark, hoffnungsvoll und vertrauensbewußt sind, oder verneinende Gedanken wie Zweifel, Ängste und Sorgen?

Der Zweifel an Gott, der Zweifel, gesund zu werden, ist mit einem Verräter gleichzusetzen. Er stiehlt die Kräfte, die uns die Gesundheit bringen könnten.

Nicht immer ist es einfach, viele Jahre genährte Ängste, Zweifel und Sorgen umzuwandeln in glaubensstarke und vertrauensbewußte Hingabe an den Geist des Lebens, an die heilende Kraft, die in uns wohnt. Um aus diesem Kreisel der Verneinung des Guten, der helfenden und heilenden Kraft, herauszugelangen, ist es hilfreich, öfter am Tag zu Christus in uns zu beten, gleichsam in unsere Seele und in unseren Körper hineinzubeten, denn unser Leib ist die Kirche, der Tempel Gottes, weil Gott, das Leben und die Heilung, in uns wohnt. Erfüllen wir im

Alltag Schritt für Schritt unsere eigenen Gebete, indem wir das selbst tun, worum wir
beten, dann reinigen wir unsere Kirche, den
Tempel Gottes, und stellen so die Ordnung
in uns her.

Wer mit der Hilfe des Christus Gottes seine Tempelreinigung vornimmt, der erlangt
Glaubensstärke, Vertrauen und Gottnähe.
Diese Bewußtheit ist zugleich die innere Si-
cherheit. Daraus erwächst die Kraft, die von
uns erkannten Gegensätzlichkeiten, also un-
göttlichen Verhaltensweisen, nicht mehr zu
tun.

*Gott ist Einheit. Wir sind unter-
einander Brüder und Schwestern.
Wir sollten unsere allzumenschliche
Haltung ändern, um unsere Mitmenschen besser verstehen zu lernen*

Wir hören - und lesen auch in der Bibel -,
daß jeder Mensch der Tempel Gottes, der
Tempel des Heiligen Geistes, ist. Daraus
werden immer Fragen wie die folgenden
abgeleitet: Wenn der physische Leib der
Tempel Gottes sein soll, warum kann dann
der Körper erkranken? Ist der Gottesgeist
der Krankmachende, der die Krankheit sendet? Ist Er nicht doch der Strafende und

Züchtigende, der uns durch Schicksalsschläge heimsucht, um uns auf Sich aufmerksam zu machen?

Solange wir anderen die Schuld für unsere Ursachen geben und uns auf veräußerlichte Religionen ausrichten, werden wir immer wieder einen Schuldigen suchen und Gott bezichtigen, ein Rächer zu sein.

Trennen wir uns vom Nächsten, so ist das zugleich Trennung von Gott. Durch falsches Denken haben wir uns entzweit und von der Einheit mit Gott getrennt und somit dem wahren Leben entsagt. Das Leben aber ist Gott, und Gott ist Einheit. Einheit macht stark. Entzweiung trennt. Jesus lehrte uns die Einheit in folgenden Worten: *Wo zwei oder drei in Meinem Namen versammelt sind, da Bin Ich mitten unter ihnen.*

Wir Menschen machen uns viel zu wenig bewußt, daß wir Kinder Gottes sind, daß wir alle ein und denselben Vater haben, den himmlischen Vater, und aufgrund dessen untereinander Brüder und Schwestern sind. Fragen wir uns, wie oft wir Brudermord begehen, indem wir unsere Brüder und Schwestern, symbolisch gesprochen, mit Gedanken und Worten niedermachen. Oft, sehr oft ruft unser Gewissen: Kain, wo ist dein Bruder Abel? Wir unterdrücken vielfach die Regung unseres Gewissens; dann vernehmen wir nicht den sinngemäßen Ruf: Kain, wo ist dein Bruder Abel?

Wenn Sie wollen, bejahen Sie täglich Ihre Kindschaft Gottes: daß Sie ein Kind des ewigen Vaters sind und daß Er für Sie immer gegenwärtig ist mit all Seiner Liebe und der Kraft des Heilwerdens. Sagen oder denken Sie das nicht nur, sondern versuchen Sie, das wahrzumachen, indem Sie Ihre allzumenschliche Haltung ändern, um auch Ihre Mitmenschen besser verstehen zu lernen, die im Geiste Ihres, unseres ewigen Vaters Ihre, unsere Brüder und Schwestern sind. Hören Sie auf, Ihren Bruder, Ihre Schwester in Gedanken, mit Worten oder gar durch Handlungsweisen niederzumachen.

Wer täglich im Bewußtsein der Kindschaft Gottes die Tempelreinigung, die Reinigung seiner Seele und seines Organismus vornimmt, der verfeinert seinen Charakter, weil er sein Denken und Verhalten auf den Willen Gottes einstimmt. Das ist der Weg zur Ganzheitsheilung und zum Glücklichsein.

Durch Lernen an uns selbst
und Bereinigung erlangen wir
die Ausgewogenheit und unsere
Zellverbände die Informationen
von Gesundheit, Lebensglück
und innerer Freude

Es sollte uns jeden Tag bewußt sein: So, wie der Mensch denkt, so ist er, und so ist sein Charakter. Wollen wir gesund bleiben oder gesund werden, dann müssen wir als erstes an uns selbst, an unseren Verhaltensweisen, lernen, indem wir täglich die Inhalte der fünf Komponenten Fühlen, Empfinden, Denken, Sprechen und Handeln an den Gesetzmäßigkeiten Gottes messen.

Diese Schritte hin zu einem göttlichen, gesetzmäßigen Verhalten helfen uns, uns selbst zu erkennen, unser wahres Selbst zu finden, um uns immer mehr auf den Willen Gottes einzustimmen, auf die Macht der Liebe, die alles vermag.

Unser tägliches Für und Wider und der tägliche Zustand unseres Körpers zeigen nur einen kleinen Ausschnitt aus dem Meer unserer persönlichen Eingaben. Jede Komponente unseres Verhaltens ist eine Teilmanifestation, gleichsam Teilmaterialisation, in und an unserem Körper, entweder positiver oder negativer Art. Die Energie des Tages spült aus dem Gewässer unseres Unbewältigten nur einiges an die Oberfläche, damit es für uns sichtbar wird. Es fordert uns gleichsam auf, es zu erfassen und zu bearbeiten.

Unser tägliches Befinden ist somit nur ein winzig kleiner Splitter aus dem Strandgut des Unbewußten, das uns die Tagesenergie bewußt macht. Es gibt verschiedene Möglichkeiten, uns selbst kennenzulernen. Der eine kontrolliert seine Gedanken, der andere gibt sich ein persönliches Lernprogramm vor, indem er durch intensive Selbstbetrachtung und Selbstbeobachtung Aufschluß über sein Wollen und Wünschen, seine Motivationen und Absichten gewinnt. Dazu bietet der Alltag reichlich Gelegenheit: die Besonderheiten und Veränderungen in seinem Mienenspiel, in seiner Körperhaltung und seinen Bewegungen; die Erregung über andere; oder wenn ihm etwas gesagt wird, das ihm mißfällt; oder bei längeren Gesprächen, die nicht in sein Konzept passen; oder gar wenn er sich mit einem gestikreichen Wortschwall verteidigt; oder wie sein Verhalten nach einem kulinarischen Essen und Trinken ist; oder nach Streit und Zank; oder dann, wenn er sich seinen Mitmenschen gegenüber überlegen fühlt; oder wenn er Mitmenschen abwertet oder mit ihnen gedanklich rechtet, sie richtet und vieles mehr.

Solche Studien an uns selbst, um an uns zu lernen, um zu ergründen, wie sich unser Körper und unser Verhalten ändern und welche Signale wir aussenden, machen unseren Alltag interessant; wir erleben uns selbst. Die Inhalte dieser Verhaltensweisen, denen immer Gedanken, Wünsche und dergleichen vorausgehen, sind Eingaben, die uns mit der Zeit prägen und uns in unserem Verhalten so erscheinen lassen, wie wir wirklich sind - der Mensch mit seinem noch bestehenden Allzumenschlichen.

Wer sich selbst als das beste Lernobjekt sieht, der wird auch öfter sein Spiegelbild studieren und feststellen, daß an jedem Tag sein Gesichtsausdruck in Nuancen anders ist, auch seine Gebärden und seine Verhaltensweisen. Diese äußeren Veränderungen sind die Folge unserer Eingaben in die Baustoffe unseres Körpers, in alle Zellen und Zellverbände, in unsere Seele und in die entsprechenden Gestirne. Jeden Tag haben wir andere Gedankeninhalte; auch unsere Gespräche und unser Verhalten sind inhaltlich anders als an den Vortagen. Somit ist jeder Tag der Tag des einzelnen, da jeder von uns anders gespeichert hat und speichert. Und jede Eingabe trägt entweder zur Gesundung, zur Gesunderhaltung oder zu

Krankheit, Schicksal, Leid und Sorge bei. Unser Körper ist nichts anderes als das Spiegelbild unserer Seele.

Täglich erleben wir - der eine mehr, der andere weniger - die Körperreaktionen auf das, was wir sehen oder was an uns herangetragen wird. Hören wir von einem Schicksalsschlag, der einen geliebten Menschen trifft, dann beginnen wir zu zittern und kommen in Panik bei der Vorstellung, was wohl daraus werden kann. Das Zittern und die Röte, die uns in das Gesicht jagt, sind also dann die Körperreaktionen auf unsere Angst. Wir verkrampfen unser Nervensystem. Einige Stunden später klagen wir z.B. über heftiges Kopfweh oder über Übelkeit. Ursache war die Botschaft, die uns erschreckte - die Wirkung zeigt sich am Körper.

Wir machen jeden Tag die Erfahrung von ähnlichen Aktionen und entsprechenden Reaktionen, doch wenn es um unsere Krankheit geht, dann denken wir selten darüber nach, daß wir vorher, im Unsichtbaren, Ursachen geschaffen haben, die nun an unserem Körper sichtbar werden.

In allem, was uns tagtäglich bewegt, spricht auch unser Gewissen zu uns. Lernen Sie, sich selbst zu erforschen, um an sich selbst zu lernen, dann hören Sie auch allmählich Ihr Gewissen, das Sie in den verschiedensten Situationen anspricht, um ein

Achtungszeichen zu setzen. Wer an sich selbst lernt, um sich selbst zu erkennen, dessen Gewissen wird zu einem feinen Seismographen, der deutlichere Signale setzt; das sensible Gewissen rührt sich, wenn wir uns gegen unseren Körper und gegen unsere Seele verhalten, also gegen unser wahres Leben, dessen erstes Gebot die Gottes- und Nächstenliebe ist.

Auch die positiven Seiten gehören zu unserem Selbst-Lernprogramm, es ist die schrittweise Erfüllung der Gebote Gottes. Lernen wir an uns selbst und tun wir die Schritte hin zu unserer geistigen Geburt, dem Einssein mit Gott, dann wird unser Körper ganz allmählich zum Spiegel der immer lichter werdenden Seele. Der Charakter und das gesamte Verhalten veredeln sich, unser Denken und Wollen wird selbstlos. Dann erst erfassen wir, was Gottes- und Nächstenliebe bedeutet.

Ist uns das Lernen an uns selbst zum Anliegen geworden, dann werden wir auch die aufkommenden Probleme und Schwierigkeiten, alles das, was uns täglich begegnet, nicht anstehen lassen und die Widrigkeiten tagelang bewegen; wir werden sie ohne lange Verzögerung mit der Hilfe des Christus Gottes näher betrachten und die Wurzel dieser Dissonanzen ergründen, um

sie zu lösen, so daß wir dann erlöst hervor-
gehen.

Ähnliches gilt bei Unpäßlichkeiten und
Krankheiten jeglicher Art. Der Weg ist immer der gleiche; er lautet: Erkenne die Grün-
de der Krankheit oder Unpäßlichkeit, denn
sie beruhen auf Fehlhaltungen; bereue und
bereinige sie, und tue dieses Verhaltensmuster, diese Ursache, nicht mehr.

Wer sich willig dem Lernen an sich selbst
unterzieht, diese Mühe also auf sich nimmt,
wird zunehmend glücklicher, friedvoller
und harmonischer. Dadurch erlangt der Ler-
nende die Ausgewogenheit; das Nervensystem entspannt sich, die Seele empfängt
mehr Licht und Kraft, und in die Zellen und
in alle Zellverbände gehen die Informationen von Gesundheit, Lebensglück und innerer Freude ein.

Jeder Krankheit gehen
Fingerzeige voraus. Das bewußte,
tiefe Atmen ist eine Übung, die uns hilft,
unsere Ursachen zu erforschen

Keine Krankheit, gleich, welchen Grades
der Schwere, kommt von heute auf morgen.
Ihr gehen immer Anzeichen, also Fingerzeige voraus. Wer gelernt hat, sich selbst zu

beobachten und eventuelle Störungen des Allgemeinbefindens zu hinterfragen - z.B. warum sich jetzt in einem Gespräch sein Nervensystem verkrampft, oder warum er jetzt errötet, oder warum er sich jetzt ärgert oder in Streß verfällt und der Körper zu übertouren beginnt -, der wird sich zuerst einmal durch eine einfache Atemübung entspannen, indem er bewußter atmet, seinen Atem beobachtet und dann ganz allmählich aus dem Bauch heraus atmet, also den Atem tiefer gehen läßt. Das entspannt. Anschließend hinterfragt er sich, was die Ursache für seine Aufwallung oder seine Verkrampfung oder seine Hektik war.

Haben wir uns erforscht und das, was aus dem Unterbewußten an das Oberbewußtsein pochte und uns einen hektischen Körperrhythmus aufzwang, erkannt, und beheben wir diese Ursachen, dann erfolgt die schrittweise Erneuerung von innen. Das bedeutet, daß wir so manche Krankheit oder so manches Leid gar nicht erleiden und tragen müssen.

»Liebet einander so,
wie Ich euch als Jesus geliebt habe
und als Christus liebe.«

Die Gottes- und Nächstenliebe ist das höchste Ziel, dem wir täglich mehr zustreben sollten. Was sagte Jesus zur Gottes- und Nächstenliebe, und was würde Christus uns heute dazu sagen? Er würde uns wieder das höchste Gebot nahebringen: *Liebet einander, so, wie Ich euch als Jesus geliebt habe und als Christus liebe.*

Liebe heilt. Liebe strebt nach Versöhnung. Liebe ist Licht, und wo Licht ist, ist Gesundheit. Gesundheit ist das Licht der Seele. Krankheit ist der Schatten der Seele.

Sind wir uneins mit unseren Nächsten, werten und urteilen wir, dann sollten wir uns immer wieder zurücknehmen und uns darauf besinnen, daß wir der Spiegel unseres Denkens sind, und uns dessen erinnern, was uns Jesus gebot: *Liebet einander, so, wie Ich euch geliebt habe und liebe.*

Die Umkehrung des Gebotes aus der Bergpredigt Jesu *Was du willst, daß dir andere tun, das tue du ihnen zuerst* könnte in die Worte gefaßt werden: *Was du nicht willst, daß man dir tu, das füg' auch keinem anderen zu.*

Rufen wir uns rechtzeitig ins Bewußtsein, daß das, was wir nicht wollen, wir auch anderen nicht zudenken sollen, und wenn wir das nicht tun, so kann in uns das Licht aufgehen. Jeder von uns will beachtet und geachtet werden - also sollten wir es auch gegenüber unserem Nächsten so halten. Wollen wir glücklich werden oder glücklich sein - dann sollten wir das auch unserem Nächsten zudenken, es ihm also wünschen. Würde die Christenheit so denken und handeln, wie es uns Jesus in der Gottes- und Nächstenliebe gebot, dann gäbe es e i n Volk der Freiheit und des Friedens und den Wohlstand für alle.

Allzuwenig machen wir uns bewußt, daß Gedanken oder Worte Kräfte sind. Ich wiederhole: Was wir anderen zudenken, kann den anderen zum Teil treffen, dann, wenn in ihm Gleiches oder Ähnliches wie das, was wir aussenden, aktiv ist. Dann legen wir gleichsam noch Kohlen auf die gleiche oder ähnliche Glut des anderen. Damit heizen wir aber auch unser Feuerchen an, aus dem wir »Kohlen« entnahmen und in die Glut des anderen legten. Haben wir auf diese Weise im anderen Gegensätzliches angeheizt und tut er Dinge, die er nicht getan, sondern ohne unser Dazutun eventuell nur erwogen hätte, dann tragen wir mit an diesen neu geschaffenen Ursachen und sind so an ihn gebunden. Zwei »Feuerchen« werden zu einem Feuer, das beide zu löschen haben, denn was wir an Negativem, aber auch an Positivem, aussenden, das kommt wieder auf uns zurück. Jede Ursache hat einen Urheber, auf den seine Aussendung zurückkommt.

Wer seine Gebete erfüllt sehen möchte, sollte auch danach leben. Gott möchte durch uns unseren Mitmenschen Kraft und Liebe senden

Viele Menschen machen es sich zu leicht. Sie bitten Gott um Gesundheit, Glück, Kraft, Frieden und Harmonie. Kann Gott uns helfen, wenn wir um unser Heil bitten, aber anderen Unheil zusenden?

Wie oft bitten wir im Gebet Gott, Er möge den Kranken und Leidgeprüften Gesundheit und Hilfe schenken. Unsere Bittgebete stellen zugleich an uns selbst die Anforderung, unser Verhalten zu überprüfen, uns bewußt zu werden, wie wir zu unseren Mitmenschen stehen, ob unsere Gedanken, unsere Verhaltensweisen gegenüber unseren Nächsten das Liebegebot beinhalten: *Liebet einander so, wie Ich euch liebe.* Bleibt es beim Bittgebet, bei bloßen Worten, ohne daß wir uns bemühen, unser Leben entsprechend zu führen, dann sind unsere Gebete nichts als Schall und Rauch.

Gott möchte durch uns unseren Mitmenschen Kraft und Liebe senden. Wer seine Gebete erfüllt sehen möchte, der sollte auch danach leben.

Der inaktive Glaube bringt uns keine Gewißheit, daß Gott existiert. Durch den Tatglauben spüren und erleben wir Seine Gegenwart

Kirchliche Führer machen ihren Schafen weis, der Glaube allein genüge. Deshalb lassen Sie uns noch einmal auf den Glauben zurückkommen. Der Glaube allein, ohne die Erfüllung der Gebote Gottes, genügt eben nicht. Wäre dieser tatenlose Glaube Gottes Wille, dann müßten viele der Kirchenchristen - die »Nur-Glaubenden« - gesünder sein. Doch die Menschheit - auch die Christen - erkrankt immer mehr. Das beweist: Der Glaube allein genügt nicht. Jesus lehrte anderes. Gegen Ende Seiner Bergpredigt sprach Er: *Wer diese Meine Lehre hört und sie tut, der gleicht einem klugen Mann ...* Er sprach

also vom Tatglauben und nicht vom inaktiven Glauben, dem toten Glauben, der uns
keine Gewißheit bringt, daß Gott existiert.

Wer die Lehre des Jesus, des Christus,
umsetzt, indem er seinen Glauben durch die
Tat lebendig werden läßt, der erfüllt schrittweise, was Jesus lehrte, und tritt in Seine
Nachfolge, um Gott im Urgrund seiner Seele gewahr zu werden. Gott läßt sich finden.
Er möchte, daß wir Ihn finden, daß wir
Seine Gegenwart spüren und erleben. Er,
der Vater aller Seiner Kinder, möchte uns
Seine Väterlichkeit, Seine Liebe, spürbar zeigen, damit wir nicht weiter in den trüben
Wassern des ungelebten, des inaktiven Glaubens fischen als blinde und taube Menschen-
wesen, die sich von kirchlichen Institutionen
abhängig machen.

Der Weg, den uns Jesus, der Christus,
lehrte und den Er durch Sein Leben im ewigen Vater uns offenbar werden ließ, ist der
einzige Weg zum ewigen Sein, weil Jesus
unser Erlöser wurde und ist, und Er sprach:
*Ich Bin der Weg und die Wahrheit und das Le-
ben; niemand kommt zum Vater außer durch
Mich.* Es werden viele geistige Richtungen
und viele Wege angeboten. Nach den Worten des Jesus, des Christus, gibt es nur einen
Weg. Er führt über Christus zum ewigen
Vater.

Jeder Mensch, der seine Fehlhaltungen den Zehn Geboten Gottes und der Bergpredigt Jesu gegenüberstellt, erfaßt, was Tatglaube bedeutet: Nicht die Hände in den Schoß legen und glauben, sondern das Tun der Lehre Jesu ist entscheidend. Das ist dann aktives Leben, aktiver Glaube; das ist wahrhaft christlich.

Wir Menschen sind für unser Verhalten selbst verantwortlich, da wir freie Kinder eines ewigen Vaters sind. Der eine tut, was die Zehn Gebote Gottes und die Bergpredigt Jesu beinhalten. Der andere sündigt tapfer weiter - so, wie Luther es empfohlen hat - und bleibt unerwacht, gebunden an Menschen, die den »toten« Glauben lehren, die entgegen der Lehre Jesu behaupten, der Glaube allein genüge. Der eine, der Jesus nachfolgt, erleichtert seine Seele und bleibt gesund oder gesundet; der andere, der den Predigern der Amtskirchen hörig ist und es beim bloßen Glauben beläßt, belastet seine Seele immer mehr und wird, sofern seine Ursachen aktiv werden, krank und unter Umständen immer kränker, denn er läßt seine Seele nicht heil werden durch den Tatglauben, der besagt: Erkenne täglich deine Fehlhaltungen, bereue und bereinige sie, und tue sie nicht mehr. Einzig dadurch entwickeln wir die Glaubenskraft und die vertrauensvolle Hingabe an Gott, der uns spüren, erfahren und erkennen läßt, daß Er, Gott, der Vater aller Seiner Kinder, gegenwärtig und wahrhaftig ist.

Aus der Summe unserer Verfehlungen, die noch darauf warten, von uns getilgt zu werden, kommt jeden Tag das als Aufgabenstellung auf uns zu, was die Planetenkonstellationen ausstrahlen.

Jeden Tag werden wir daher vor größere oder kleinere Schwierigkeiten, Probleme oder Situationen gestellt, um diese zu lösen. Auch unsere eigenen Eingaben, unsere Gedanken und Wunschbilder, die uns gedanklich erregen und oftmals zu Handlungen drängen, weil wir uns damit zu lange befassen, geben uns Aufschluß darüber, daß sie in ihrer Wurzel, gleich ihrer Herkunft, erkannt und behoben werden wollen. Jeder Tag ist also für jeden von uns vielfältig, entsprechend unserem Sendevolumen.

Deshalb kann der Tat-Glaube auch als Tag-Glaube bezeichnet werden:

Jeder Tag bringt jedem von uns andere Lebensaspekte, doch in allem und in allen ist der Christus Gottes die helfende und heilende Kraft. In jeder Schwierigkeit und in jedem Problem, in Krankheit und Not, in Sorge und Leid reicht Er uns Seine Hand. Ob wir Seine Hand ergreifen oder nicht, das liegt an uns. Wir haben den freien Willen zur freien Entscheidung. Freie Wesen sind jedoch für ihre Verhaltensweisen selbst verantwortlich.

Wer den Glauben an Gott aktiviert, indem er es so hält, wie es Jesus, der Christus, in Seiner Bergpredigt geboten hat, der tritt in Kommunikation mit dem helfenden und heilenden ewigen Geist, der auch der Innere Arzt und Heiler ist. Dann strömt der göttliche Heilstrom durch die Seele in den Körper zu den Zellen und Zellverbänden, wobei kranke Zellen ausgeschieden werden und gesunde sich aufbauen. Es heilt in Seele und Leib. Das ist Ganzheitsheilung.

Schmerzlindernde Mittel können
einem schwerkranken Menschen helfen,
daß er wieder durchzuatmen vermag,
um seine Gedanken erfassen und
sich mit seinen Mitmenschen
aussöhnen zu können

Es stellt sich logischerweise die Frage: Wie ist es, wenn ein Kranker lange Zeit heftige Schmerzen hat, unter einer schweren Krankheit leidet und nicht mehr die Kraft aufbringt, zu glauben und Hoffnung zu schöpfen, geschweige erst, den Tat-Glauben anzuwenden, die Bereinigung seiner Fehlhaltungen, von denen tagtäglich einige in Erscheinung treten?

Dazu kann gesagt werden: Einem Menschen, der durch Krankheit sehr geschwächt und infolge von Schmerzen nicht mehr in der Lage ist, über sich selbst nachzudenken, kann eventuell mit schmerzlindernden Medikamenten geholfen werden. Denn wenn er wieder durchatmen kann, wenn sich sein Blick wieder hoffnungsvoll weitet, so wird er Kraft schöpfen, um mit sich selbst und mit seinen unmittelbaren Nächsten so weit ins Reine zu kommen, wie es ihm eben noch möglich ist. Wer trotz schwerer gesundheitlicher Störungen auf die Barmherzigkeit Gottes baut, der entspannt sich; er gibt sich dem Christus Gottes hin und wird auch von der barmherzigen Liebe die Hilfe empfangen, die gut für seine Seele ist.

Gesundet der Kranke von innen her, auch mit der Hilfe eines Arztes, der sein Bestmögliches für den Körper des Kranken tut, so kann auch der Leib gesunden.

Ein guter Arzt kann dem Patienten zum einen die Hilfe aus dem Geiste nahebringen, damit dieser die positiven Kräfte anwendet; zum anderen kann er ihm die Angst und die Zweifel nehmen, die unter Umständen Blockaden für eine Ganzheitsheilung sind; er ist darauf bedacht, die Schmerzen zu lindern, den Körper zu stärken, den Schlaf zu fördern und die entsprechenden Medikamente zu geben, die dazu beitragen, daß die kranken Organe gesunden. Entwickelt der Patient neue Hoffnung auf Gesundung, und sei diese noch so gering - der Arzt sollte diesen Hoffnungsschimmer nützen und dem Patienten dazu verhelfen, daß dieser sich mit seinen Mitmenschen aussöhnt, also die christliche Grundregel anwendet: Was du willst, daß dir andere tun, das tue du ihnen zuerst. Anders gesprochen: Was du nicht willst, daß man dir tu, das füge auch keinem anderen zu.

Ein geistig orientierter Arzt kann einem Patienten auch dahingehend Hilfe sein, daß er ihn durch eine Frage veranlaßt, über seinen Glauben nachzudenken und darüber, ob er nach den Maßstäben seines Glaubens lebt. Ein Arzt, der um die Heilung der Psyche und des physischen Leibes weiß, der die Auswirkungen negativer Verhaltensweisen kennt, wird dazu beitragen, daß der Patient sein gegensätzliches Denken und Verhalten, das ihm bewußt ist, bereinigt und sich an dem Maßstab der Gebote Gottes orientiert.

Der Geist Gottes vermag alles, wenn wir nur wollen. Medikamente können helfen, Hindernisse aus dem Weg zu räumen, Schmerzen zu nehmen, so daß die Lebenskräfte, der Geist Gottes, die Arbeit an der

Seele und am Körper leichter vorzunehmen vermögen. Der wahre Heilprozeß ist die Ganzheitsheilung durch den ewigen Geist.

»Bittet, so wird euch gegeben ...«
Tun wir freiwillig den Schritt hin
zu Christus in uns, so kann Er,
der Innere Arzt und Helfer,
uns entgegenkommen.
Danken in jeder Situation bringt uns
die Kraft, die Inhalte unserer Notlage
zu erfassen und zu beheben

Worte des Lebens helfen uns, unser Leben zu meistern, wie z.B.: *Bittet, so wird euch gegeben; suchet, so werdet ihr finden; klopfet an, so wird euch aufgetan.* Diese Aussage bedeutet, daß wir - aufgrund unseres freien Willens - zuerst freiwillig den Schritt hin zu Christus in uns tun müssen, so daß uns der Innere Arzt und Helfer entgegenkommen kann. Der erste Schritt hin zu Christus in uns ist der Tat- gleich Tag-Glaube; dieser bringt nicht sogleich die Erfahrung, daß Gott wirkt und wie Er uns beisteht. Erst wenn wir, ohne zu fragen, uns Gott hingeben, indem wir unsere Erdentage nützen, wenn wir auch die Krankheit als die Chance sehen, um uns selbst zu erkennen und das zu beheben, was uns bisher von Gott getrennt hielt, werden wir geistige Erfahrungen machen und das Wissen erlangen, wie Gott hilft.

Wir Menschen haben uns angewöhnt, Gott dann zu danken, wenn uns etwas geglückt ist, wenn wir gesund wurden und wieder glücklich sind. Wie wäre es, wenn wir uns bewußt machen würden, daß wir die Übeltäter jeglichen Übels sind, das uns trifft, daß uns jedoch Gott, unser Vater, durch Christus, unseren Erlöser, immer die Hand reicht und daß es nie zu spät ist, diese zu ergreifen?

Wie wäre es, wenn wir Gott dafür danken würden, daß das Gesetz von Saat und Ernte uns täglich unser Übles, unsere Saat, aufzeigt und daß das Entsprechungsgesetz - ebenso das Gesetz der Projektion - uns rechtzeitig Hinweise gibt, bevor es wirksam wird, und daß wir in unserem Saatgut die Lösung finden können? Wer auch für Not, Krankheit und Leid, für diese schon manifestierten Wirkungen, zu danken vermag, der wird allmählich glaubens- und vertrauensstark und erlangt von Gott die Kraft, sein Gegensätzliches zu beheben und nicht mehr zu tun. Die Antwort Gottes ist dann allmähliches Freiwerden von Angst und, so es zum Wohle der Seele gereicht, die Gesundung des Leibes aufgrund der Durchlichtung der Seele.

Wir sollten uns öfter bewußt machen: Gesundheit, Glück, Freude, Harmonie und nicht zuletzt die Gottes- und Nächstenliebe sind in uns. Sind wir krank, so sollten wir uns daran festhalten, daß die Gesundheit in uns ist. Geraten wir in Not oder Abhängigkeit, so sollten wir uns daran festhalten, daß der Helfer in uns ist.

Wenn wir nur auf die Krankheit blicken, können wir niemals gesund werden. Wir brauchen das Idealbild vollkommener Gesundheit und Harmonie.

Christus, der Innere Arzt und Helfer, ruft uns unermüdlich zu, umzudenken, Ihm zu vertrauen, auf Ihn zu bauen, in jeglicher Situation Ihm zu danken, denn das Übel kommt von uns, dem Übeltäter, doch das Heil, die Hilfe und die Ganzheitsheilung von Christus in uns. Jede Krankheit sowie Leid und Schicksal haben ihre Inhalte, die zu uns sprechen und uns sagen, was wir falsch gemacht haben, was uns also in diese Situation gebracht hat.

Machen wir uns noch einmal bewußt: Unser falsches Denken vollzieht sich im Oberbewußtsein. Von dort geht es in unser Unterbewußtsein und in unsere Seele, von der Seele in die Speicherplaneten. Mancher, der einmal von »positivem Denken« gehört hat, ist, wie wir schon hörten, der Ansicht, wenn er seinem Ober- und Unterbewußtsein, aber auch seinen Zellverbänden und seiner Seele Heilgedanken, Gedanken des Eins-Seins mit dem Göttlichen, Gedanken des Friedens und der Harmonie überträgt, dann müsse er gesunden. Scheinbar positive Gedanken jedoch, die den Zweifel in sich bergen, bringen die Heilströme nicht zum Fließen, da es nur so scheint, als würden wir positiv denken. Es kommt auf die Inhalte unserer Gedanken an, ob wir das im Alltag auch tun, was den Geboten Gottes und der Bergpredigt Jesu entspricht. Jesus lehrte uns das Erkennen unserer Fehler, das Bereuen, Bereinigen und Nicht-mehr-Tun. Nur dadurch lösen sich die Schatten, und das heilende Licht kann strömen.

Es genügen also die oberflächlich positiven Gedanken und Worte nicht. Wir können damit andere blenden, vielleicht sogar uns selbst etwas vormachen, jedoch nicht Gott. Gott schaut in unser Herz, auf das Sein, und nicht auf den Schein, das, was wir uns oftmals selbst als positiv vorgaukeln.

Hilfen, wie wir uns von
falschem Denken befreien können,
um Platz zu machen für Freiheit,
Liebe und Harmonie.
Liebe heilt jede Wunde

Wer seine Tage nützt, indem er den Augenblick als ein Geschenk zur Selbsterkenntnis gewahr wird und sich somit der Selbstprüfung unterzieht, wird erfahren, daß uns die Gestirne, die unsere Eingaben tragen, milde gesonnen sind, von uns also nichts Unmögliches verlangen. Unser Tag bringt uns nur so viel, wie wir auch bewältigen können - außer wir haben das, was uns die Tage an Gegensätzlichem aufgezeigt hatten, wieder in die Vergangenheit zurückgedrängt. Dadurch türmten die Schatten unserer Fehlhaltungen sich gleich einem Staudamm Stein für Stein auf. Irgendwann in der Zukunft kann dann der Staudamm brechen, und über uns bricht dann das herein, was wir zurückgedrängt, gleich aufgestaut haben. Ein Schicksalsschlag, Krankheit, Leid, Not bis hin zum vorzeitigen Tod kann die Folge sein.

Kein Mensch ist vollkommen. Deshalb gibt es im Leben jedes Menschen immer wieder einmal Rückfälle, auch dann, wenn wir uns positiv orientieren, um glaubensstark zu werden und das Vertrauen auf die innere Kraft schrittweise aufzubauen. Wir müssen uns jeden Tag aufs neue bemühen, das Positive, das, was wir uns vorgegeben haben, zu erfüllen; erst dann finden wir allmählich zu einem ausgewogeneren Leben, wir nennen es auch Harmonie. Ohne Selbstbeobachtung, die sich unter anderem auch auf unsere Alltagsgewohnheiten richten sollte, um in Erfahrung zu bringen, was hinter diesen steckt, können wir uns nicht aufrichten, um die Tempelordnung zu erlangen, welche zur Harmonie der Seele und des Leibes führt.

Der Weg zu Glück, Frieden, Liebe, Harmonie und Gesundheit ist der Weg zu Gott. Oftmals ist es ein langer Weg, bis uns bewußt wird, daß in uns die Gesundheit ist, die wir - dann, wenn wir krank sind - erwecken und in unseren Körper lenken können. Oder daß in uns die Freiheit ist und daß einzig wir selbst uns von den Fesseln unseres falschen Denkens lösen können und kein anderer dies für uns tun kann. Befreien wir uns von unserem falschen Denken, mit dem wir Krankheit, Leid, Schicksale und dergleichen auf uns ziehen, dann machen wir Platz für Freiheit, Liebe und Harmonie. Und Liebe heilt; sie heilt jede Wunde.

Im Grunde unseres Herzens mangelt es uns an nichts, da wir Kinder Gottes sind und Erben des Reiches Gottes. Wir selbst errichten das Reich Gottes in uns - oder bauen unsere Schicksale auf. Hat dies in unserem Bewußtsein Wurzeln geschlagen, dann werden wir uns wandeln und unser alltägliches Verhalten verwandeln - Leid in Freude, Krankheit in Gesundheit, Unglück in Glück, Unfrieden in Frieden, Eigenliebe in Liebe und Disharmonie in Harmonie.

Es muß uns bewußt werden, daß Negatives krank macht, daß Positives heilt.

So manchem fällt das Umdenken schwer, da die alten Gewohnheiten, die Fehlhaltungen, gleich Sünden, sich im Unterbewußtsein verzweigt und wie ein Wurzelballen mit vielfältigen Wurzeln und Würzelchen in unserem Körper verankert haben. Das ist das Gift für unseren Körper. Wer sich angewöhnt, täglich die Vollkommenheit seines wahren Wesens zu bejahen, die Kindschaft Gottes und das Reich Gottes in ihm selbst, der sensibilisiert mit der Zeit sein Gewissen, das ihn dann rechtzeitig ermahnt, be--vor er wieder in alte Gewohnheiten zurück-fällt.

Wer seinem Leben eine positive Orientierung gibt, indem er sich immer wieder positive, gottgewollte Vorgaben macht und auch schrittweise danach lebt, der kann mit einer

Matrize verglichen werden, durch die der Geist Gottes wirkt.

Eine Hilfe ist auch, uns immer wieder bildhaft gesund zu sehen und dieses Bild der Gesundheit unserem Körper gleichsam überzustülpen. Wichtig ist, daß wir uns auch gemäß unseren positiven Eingaben verhalten.

Wir sind Kinder des ewigen Vaters und brauchen deshalb die Gesundheit nicht zu erwerben, das Glück nicht zu suchen, den Frieden nicht zu erbetteln. Wir haben bereits das Gute im Seelengrund. Unsere Aufgabe ist es, diesen Schatz zu heben, den wir selbst vergraben haben durch unsere Zuwiderhandlungen gegen das Gute, gegen Gott, und somit gegen unser Leben. Gott wartet im Seelengrund auf uns, um uns zu helfen.

Wir hören immer wieder Argumente wie: Aber wir sind doch unvollkommen. Alle Menschen sind Sünder. - Jesus, der Christus, hat jedoch jeden Menschen gerufen, wieder vollkommen zu werden, so, wie unser aller Vater im Himmel vollkommen ist. Die Vollkommenheit ist immer gegenwärtig; sie ist in uns. Mit der Hilfe des Christus Gottes können wir unsere Seele vervollkommnen.

Es liegt an uns. Wir müssen gewillt sein, unsere Tage zu nützen, um die Schleier des Nichterkennens unserer Fehlhaltungen zu heben und nun das Üble zu bereinigen und nicht mehr zu tun. Das Gute, Gottgewollte, das wir statt dessen tun, bringt uns der Vollkommenheit einen Schritt näher.

Krankheit ist nicht der Wille Gottes

Zusammenfassend sei wiederholt:

Der Mensch ist das, was er in sein Fühlen, Empfinden, Denken, Sprechen und Handeln hineinlegt. Aufgrund dessen ruft er gerade das hervor, was er letztlich nicht will: Krankheit, Not, Leid, Schicksal und weiteres mehr. Denn sind unsere Gedanken düster, liegt in ihnen Furcht oder gar Verzweiflung, dann setzen sich diese Kräfte mit den Gedankenwellen in Verbindung und kehren ein in Seele und Leib.

Jeder üble Gedanke sucht immer wieder Seinesgleichen und kommt mit diesen verwandten Gedankenenergien gemeinsam zum Absender, dem Menschen, zurück, um von diesem weitere entsprechende Energie zu fordern.

Wer immer wieder Negatives gedanklich bewegt oder von Krankheit, Not und Leid spricht, der schwächt seinen Körper. Er schädigt damit nicht nur sich, sondern ebenfalls jene, die ihm zuhören und dadurch auch ähnlich zu denken beginnen.

Gewöhnen wir uns an, nicht allzu lange negative Gespräche zu führen oder gar auf der Seite des Negativen zu bleiben! Es kostet uns viel Seelen- und Körperkraft.

Das Denken vieler Menschen ist vorwiegend düster geworden, also negativ. Durch falsches Denken verneint der Mensch die liebende, helfende und heilende Kraft, das Licht und das Heil-Sein, das große Kraftfeld des ICH BIN, das in ihm schlummert und durch die Erfüllung der Gottes- und Nächstenliebe erweckt werden könnte.

Unser Körper ist also nichts anderes als der Spiegel unseres gesamten Verhaltens. Er ist gleichsam das Echo dessen, was er, der Mensch, sich selbst zugedacht und zugesprochen hat.

Wir selbst bestimmen den Zustand unseres Körpers. Denken wir daran: Gott ist Gesundheit. Gott schuf niemals Krankheit, Sorge und Leid, Hunger und Not. Das alles sind Schöpfungsgebilde der Menschen.

Lassen Sie sich von Ihren Mitmenschen nicht davon abbringen, die Gesundheit zu bejahen und sich immer wieder bewußt zu machen, daß Krankheit nicht Gottes Wille ist, sondern das Echo unseres Egos.

Lassen Sie sich also nicht beirren, wenn so mancher die Meinung äußert, Krankheit sei der Wille Gottes. Wenn das so wäre, warum nehmen dann gerade diese Menschen so viele Medikamente, um einen körperlichen Schaden oder eine Krankheit oder Leiden zu beheben? Auch jene Menschen, die meinen, Krankheit sei der Wille Gottes, gehen zum Arzt. Sie müßten sich fragen: Warum tue ich das? Könnten Medikamente Gott umstimmen, wenn die Krankheit von Gott käme? Oder hätte Jesus heilen können, wenn die Krankheit Gottes Wille wäre? Oder könnten Herzensgebete helfen, wenn es Gottes Wille wäre, daß der eine gesund und der andere krank und leidend ist? Oder könnten urchristliche Glaubensheiler helfen, die über den Heilungsuchenden die Hände halten und im Heilungsuchenden die Heilkraft verstärken?

Wenn Krankheit der Wille Gottes wäre - könnte dann ein Arzt dem Menschen helfen oder gar den Körper heilen? Krankheit kommt nicht von Gott, sondern von dem Menschen, von uns selbst, durch unser falsches Denken und Verhalten. Das Echo davon ist unser Kranksein.

Die Kraft Gottes kennt keine Grenzen.
Durch unsere Zweifel
machen wir es Gott unmöglich,
in uns zu wirken

Machen wir uns bewußt: Die Kraft Gottes kennt keine Grenzen. Nur wir schaffen Grenzen in uns und um uns, gleichsam Staudämme, die zum Kräftestau in unseren Organen und in den Funktionen unseres Leibes führen.

Für Gott ist nichts unmöglich. Wir jedoch sind die Zweifler und machen es Gott unmöglich, in uns zu wirken. Geht es uns gut, dann glauben wir an Gott. Erleiden wir Krankheit und Not, dann zweifeln wir an Ihm, insbesondere dann, wenn Er uns nicht sofort hilft und nicht auf die Weise, wie wir es wollen. Oder wir geben gar Gott die Schuld für das, was uns widerfuhr.

Wir selbst sind zum Un-Menschen geworden, der sein Unheil heraufbeschwört, statt sich als Wesen in Gott zu sehen, als Mensch im Licht der Wahrheit. Wer sich nicht bewußt wird, daß jeder Tag s e i n Tag ist und daß jeder Tag uns auffordert, unseren Tag zum gerechten Tat- gleich Tag-Glauben, zum aktiven Glauben, werden zu lassen im Bewußtsein der Gegenwart Gottes, der bleibt der Kain, der angeblich nicht weiß, wo sein

Bruder ist. Denn erst, wenn wir unser Bewußtsein klären durch das Wegräumen der
Schutthalden unseres Allzumenschlichen,
sehen wir über unsere »Nasenspitze« hinaus
und werden unseren Nächsten gewahr, der
eventuell unserer Hilfe bedarf.

Nimm dich zurück, und überlege,
bevor du sprichst.
Halte inne, und frage dich, warum du
immer dieselbe Denkspule abspulst

Unser irdisches Leben ist ein einziges Lernen. Ob Jugendlicher oder Greis - jeder Tag
gibt jedem eine oder einige Lernaufgaben.
Eine Aufgabe stellt uns jeder Tag aufs neue;
sie lautet: Nimm dich zurück, und überlege,
bevor du sprichst, und warum du dieses und
jenes sagen möchtest und ob es von Bedeu-
tung bzw. von Wert ist.

Das gleiche gilt, wenn wir immer und
immer wieder gleiche Gedanken über Situationen und Probleme wälzen. Auch hier
heißt es: Halte inne, und frage dich, warum
du immer wieder dasselbe denkst, was es
für einen Sinn hat und wo wohl die Inhalte
dieser Gedanken hingehen und wo sie sich
unter Umständen festsetzen, also Ursachen
schaffen, die irgendwann wirksam werden.

Wir sollten den Helfer, den Geist Gottes in uns, anrufen und Ihn um Hilfe bitten, damit wir erkennen, was uns unsere Denkspulen sagen wollen.

Haben wir diesen Lernschritt gemacht und unser Verhalten analysiert, dann sollten wir das Gebot Jesu anwenden, eventuell unseren Nächsten in Gedanken um Vergebung bitten und in Zukunft diese Denkspule nicht mehr abspulen. Haben wir über Menschen abwertend gesprochen oder über ihn Gerüchte verbreitet, so bitten wir ebenfalls Christus in uns, daß Er uns die Kraft gibt, unsere Verhaltensweisen zu bereuen und in Gedanken in der Bitte um Vergebung die Versöhnung mit unseren Mitmenschen anzustreben.

Wer sich nach Frieden sehnt, der sollte im Herzen mit seinem Nächsten in Frieden leben. Wichtig ist, daß wir zuerst Frieden in uns schaffen, bevor wir unseren Mitmenschen die Hand zur Versöhnung reichen. Einerlei, wie sich unser Nächster uns gegenüber verhält, wir sollten den Frieden in uns bewahren, sowohl in Gedanken als auch in Worten und Handlungen. Haben wir Tiere mißhandelt, so sollten wir den großen Schöpfergott um Vergebung bitten und diesen Tieren Gedanken der Liebe und des Eins-Seins senden und uns zur Lernaufgabe machen, Tiere in uns spüren zu lernen.

Unsere Lebensaufgabe:
die Gottes- und Nächstenliebe wieder
zu erlangen. Daraus entwickelt sich
innere Stärke und die Gewißheit:
die große Güte und Liebe wohnt in uns

Wer sich täglich bewußt ist, daß weder Mensch noch Tier uns in unserem Herzen feind ist, der tut die Schritte hin zur Gottes- und Nächstenliebe. In das Liebegebot sind auch die Tier-, Pflanzen- und Mineralwelt aufgenommen.

Unsere Lebensaufgabe als Mensch ist es, wieder unser göttliches Erbe, die Gottes- und Nächstenliebe, zu erlangen. Daraus entwikkelt sich innere Stärke und die Gewißheit: Gott, die große Güte und Liebe, wohnt in uns.

Auf diese Weise werden wir mit der Hilfe des Christus Gottes zum Überwinder unserer Fehlhaltungen, unseres Allzumenschlichen. Die Folge ist, daß Ängste vor Krankheit, vor Schicksal und Not schwinden; sie haben in unserem Bewußtsein keinen Platz mehr, weil wir Gott nähergekommen sind. Dann beginnen wir auch jeden Tag in dem Bewußtsein: Christus in uns. Wir einen uns dann immer mehr mit der großen Quelle, der Kraft, der Liebe und der Weisheit Gottes in uns, und bleiben mit unseren Nächsten in Freundschaft und Brüderlichkeit verbunden.

Anhang

Bücher

Ursache und Entstehung
aller Krankheiten

Diese große Christus-Offenbarung gibt Einblick in die tiefsten Zusammenhänge der reinen Schöpfung und der Entstehung der Materie und des menschlichen Körpers. Wir erfahren auch, wie wir durch ein entsprechendes Denken und Leben über die Begrenzungen des ichbezogenen menschlichen Daseins hinauswachsen und in das kosmische Bewußtsein gelangen können. »Gesundheit, Glück und Freiheit liegen in uns selbst. Diese Offenbarung des Herrn zeigt uns den Weg dorthin.«
Christus gibt uns konkrete Hilfen und Hinweise, auch zur rechten Lebensführung und zum Umgang mit der Natur. Dieses Buch ist eine unerschöpfliche Quelle der Hilfe auf dem Weg zur Ganzheitsheilung.

348 S., geb., Best.-Nr. S 117, DM/SFr 35,-, ÖS 256,-

Du selbst bist Deine Krankheit
und Deine Gesundheit.
Doch GOTT ist mit Dir

156 S., kart., Best.-Nr. S 501, DM/SFr 19,80, ÖS 145,-

Gott heilt

94 S., kart., Best.-Nr. S 309, DM/SFr 9,80, ÖS 72,-

Mit Gott
lebt sich's leichter

162 S., kart., Best.-Nr. S 308, DM/SFr 19,80, ÖS 145,-

Das ist Mein Wort. A und Ω
Das Evangelium Jesu
Die Christus-Offenbarung,
welche die Welt nicht kennt
1114 S., geb., Best.-Nr. S 007, DM/SFr 25,-, ÖS 183,-

Kostenlos erhältlich: 48seitige Leseprobe
mit Auszügen aus dem Buch

Die großen kosmischen Lehren
des Jesus von Nazareth
an Seine Apostel und Jünger,
die es fassen konnten
296 S., geb., Best.-Nr. S 134, DM/SFr 35,-, ÖS 256,-

mit Erläuterungen von Gabriele
Band 1: 256 S., geb., Best.-Nr. S 317, DM/SFr 35,-, ÖS 256
Band 2: 270 S., geb., Best.-Nr. S 319, DM/SFr 35,-, ÖS 256
Band 3: 256 S., geb., Best.-Nr. S 320, DM/SFr 35,-, ÖS 256
Band 4: 262 S., geb., Best.-Nr. S 321, DM/SFr 35,-, ÖS 256
Band 5: 336 S., geb., Best.-Nr. S 322, DM/SFr 35,-, ÖS 256

Der Feldzug der Schlange
und das Wirken der Taube
Die Gottesprophetie der Zeitenwende
Christian Sailer
Ein Anwalt berichtet
408 S., geb., Best.-Nr. S 432, DM/SFr 39,80, ÖS 291,-

Kostenlose Leseprobe
auf Anforderung erhältlich

Der Richter:
Und es ist doch GOTT, der Ewige
Die Wahrheit über Gabriele, die Prophetin Gottes
124 S., geb., Best.-Nr. S 431, DM/SFr 22,80, ÖS 166,-

SEIN AUGE
Die Buchhaltung Gottes
Der Mikrokosmos im Makrokosmos
212 S., geb., Best.-Nr. S 318, DM/SFr 27,-, ÖS 197,-

Die Kosmische Uhr
und das Netzwerk Deiner Haut
Dein Schicksal liegt in Deiner Hand
188 S., geb., Best.-Nr. S 328, DM/SFr 38,50, ÖS 281,-

ICH . ICH . ICH
Die Spinne im Netz
Das Entsprechungsgesetz
und das Gesetz der Projektion
288 S., geb., Best.-Nr. S 325, DM/SFr 34,80, ÖS 254,-

Dein Leben im Diesseits
ist Dein Leben im Jenseits
136 S., kart., Best.-Nr. S 316, DM/SFr 20,-, ÖS 146,-

Lebe den Augenblick -
und Du siehst und erkennst Dich
88 S., kart., Best.-Nr. S 315, DM/SFr 15,80, ÖS 115,-

Cassetten

Das Ur-Licht für alle Menschen
Urchristliches Heilen
Entwickle die Selbstheilungskräfte
Heile Dich mit der Christus-Gottes-Kraft

Der ewige Kraftquell, Gott, das Ur-Licht, versorgt über unsere Seele den physischen Leib mit der hohen Energie, die für uns Leben und Heilung bedeutet. Gabriele, die Prophetin und Botschafterin Gottes, führt uns durch den Kreislauf der Bereinigung. Wir erfahren, wie die aktivierten Selbstheilungskräfte in unserem Organismus wirksam werden.

Auf Cassette:
Ur-Licht Nr. 1: Best.-Nr. C 950
Ur-Licht Nr. 2: Best.-Nr. C 951
Ur-Licht Nr. 3: Best.-Nr. C 952
Die Reihe wird fortgesetzt. Jede Cassette DM/SFr 18,-, ÖS 131

Als Video: Best.-Nr. V 023
DM/SFr 39,90, ÖS 291,-

Gerne übersenden wir Ihnen
ein kostenloses Gesamtverzeichnis aller Bücher,
Cassetten und Videos.

Verlag DAS WORT GmbH
Der Universelle Geist
Leben im Geiste Gottes
Max-Braun-Str. 2, 97828 Marktheidenfeld
Tel. 09391/504-135, Fax 09391/504-133

Internet: http//www.das-wort.com
e-mail: info@das-wort.com